民航职业素养

云晶晶　著

合肥工业大学出版社

图书在版编目(CIP)数据

民航职业素养/云晶晶著. --合肥:合肥工业大学出版社,2025.5(2025.7 重印)
ISBN 978 - 7 - 5650 - 6796 - 9

Ⅰ.①民…　Ⅱ.①云…　Ⅲ.①民用航空-乘务人员-职业道德
Ⅳ.①F560.9

中国国家版本馆 CIP 数据核字(2024)第 106850 号

民航职业素养

云晶晶 著		责任编辑 毛 羽	
出　版	合肥工业大学出版社	版　次	2025 年 5 月第 1 版
地　址	合肥市屯溪路 193 号	印　次	2025 年 7 月第 2 次印刷
邮　编	230009	开　本	710 毫米×1010 毫米　1/16
电　话	基础与职业教育出版中心:0551 - 62903120	印　张	10.5
	营销与储运管理中心:0551 - 62903198	字　数	177 千字
网　址	press. hfut. edu. cn	印　刷	安徽联众印刷有限公司
E-mail	hfutpress@163.com	发　行	全国新华书店

ISBN 978 - 7 - 5650 - 6796 - 9　　　　　　　　　　定价:68.00 元

如果有影响阅读的印装质量问题,请联系出版社营销与储运管理中心调换。

前　　言

　　民航业不仅是一个涉及国内、国际、市场、法律、技术、经济、文化、人才、管理等方面的行业，还是一个包含飞行、营销、运营、管制、机务、保障、服务等内容的行业，同时也是一个运营生产空间跨度大、涉及服务范围广、产业链长、管理方式非常严谨的重资产、高技术、高效率行业。改革开放40多年来，我国民航业坚持不断推进改革创新，加强对外开放与合作，不断引入国际新技术、新流程、新服务和新型管理方式，积极顺应国内外航空市场发展潮流，为国内经济、社会发展以及国际民航业发展作出了突出贡献。

　　作为民航服务的直接提供者，民航从业人员要塑造更为专业的民航职业形象，需要从内在素养和外在形象两个方面做起。内在素养包含基础专业知识、外语能力、职业道德、安全意识等方面，外在形象则包含着装、发型、妆容、礼仪、言谈举止、服务、礼貌用语等方面。

　　本书共分为六章：第一章是职业素养，第二章是民航职业意识，第三章是民航职业道德，第四章是民航职业礼仪素养，第五章是民航职业语言素养，第六章是民航职业沟通素养。

　　本书在撰写过程中，参考、借鉴了大量著作与部分学者的理论研究成果，在此表示感谢。由于作者精力有限，加之行文仓促，书中难免存在疏漏与不足之处，望专家学者批评指正，以使本书更加完善。

编　者

2024 年 6 月

目　　录

第一章　职业素养

第一节　职业概述

对大学生而言，选择职业是实现自己社会价值与个人价值的前提。适宜的专业或职业能开发个人深厚的潜力和无穷的智慧，能给自己带来工作的快乐和精彩的人生。

一、职业的含义

在现实生活中，人要生存，总要从事一定的职业活动以获得生活资料。但是，人们很容易产生一种误区，即经常把职业与工作混为一谈。事实上，职业与工作有很大的区别。

什么是职业？美国社会学家塞尔兹认为，职业是一个人为了不断取得个人收入而连续从事的具有市场价值的特殊活动。这种活动决定着从事它的那个人的社会地位。

近代以来，我国有很多学者就"职业"一词从词义上进行了解释，例如，"职"，是指职位、职责，包含着权力与责任的意思；"业"是指行业、事业，包含着独立工作、从事事业的意思。

这种观点认为，职业即"责任和业务"，职业的外延包括三个方面的内容：工作、收入、工作时间限度。由此可见，职业不同于工作，它更多的是指一种事业。

《现代汉语词典（第 7 版）》中将职业解释为"个人在社会中所从事的作为主要生活来源的工作"。

综上所述，所谓职业，是指人们为了生存和发展而参与的社会分工。人们利用专业知识和技能，创造物质财富、精神财富，从而获得合理报酬，满足物质生活、精神生活的社会活动。职业至少包括两个方面的含义：一是，职业体现了专业的分工。没有高度的专业分工，也就不会有现代意义上的职业观念。二是，它体现了一种精神追求，职业发展的过程也是个人价值不断实现的过程。职业要求个人对它秉持忠诚，这也是职业精神的重要体现。

二、职业的特征

（一）社会性

在人类社会初期，并未有职业可言。随着社会的不断进步，人类在长期的生产活动中产生了劳动分工，职业也由此产生和发展。也就是说，职业存在于社会分工中，人们的社会角色的不同，致使社会分工或社会角色的持续出现，形成了职业。职业作为人类在生产劳动过程中的分工现象，不仅体现了劳动力与劳动资料的直接结合关系，同时还体现出劳动者之间的关系，而劳动产品的交换体现了不同职业之间的劳动交换关系。这种在劳动过程中形成的人与人之间的关系无疑是社会性的。人们之间的劳动交换反映的是不同职业之间的等价关系，也反映了职业劳动活动及其职业劳动成果的社会属性。

（二）规范性

职业的规范性共包含两层含义。一是指职业内部操作的规范性。在劳动过程中，不同的职业有不同的操作规范性，这是保证职业活动专业性的要求。二是指职业道德的规范性。当不同职业在对外展现其服务时，还应符合伦理范畴的规范性，即职业活动必须符合国家法律规定和社会伦理道德准则。这两种规范性构成了职业规范的内涵与外延。

（三）功利性

职业是人们赖以谋生的手段和方式，因此，功利性（或称经济性）自然是职业的基本特征之一。劳动者在承担职业岗位职责并完成工作任务的过程中获取经济报酬，这既是社会、企业及用人部门对劳动者付出劳动的回报，也是维持家庭和社会稳定的基础。职业活动既满足职业者自己的需要，同时也满足社会的需要。只有把职业的个人功利性与社会功利性相结合，职业活动才具有生命力和意义。

（四）技术性

职业的技术性是指每一种职业都有相应的职业技术要求。每一种职业都要求从业人员具备一定的专业知识和技能，很多职业还需要从业人员进行较长时间的专业知识学习或技能培训。

（五）时代性

职业的时代性是指随着科技的发展，人们的生活习惯、生活方式等都会发生变化，而职业也会被打上具体时代的"烙印"。

（六）稳定性

职业产生后总是保持相对稳定，不会因为社会形态的不同和更替而改变。当然，这种稳定性是相对的。随着现代化的快速发展，特别是科学技术的日新月异，一些新的职业顺应时代的需要而产生，而原有的职业或在时代的大发展中屹然挺立，或被时代的潮流所淹没。

（七）群体性

职业的存在常常和具有一定数量的从业人员密切相关。凡是从业人员达不到一定数量的劳动，都不能称其为职业。群体性不仅表现为一定数量的从业人员，更重要的是一定数量的从业人员所从事的不同工序、工艺流程表现出来的协作关系，以及由此产生的人际关系。从业者由于处于同一企业、同一车间或同一部门，而逐渐形成语言、习惯等方面的共同特征，从而产生群体认同感。

总之，职业的特征与人类的需求和职业结构相关，强调社会分工；与职业的内在属性相关，强调利用专业的知识和技能；与社会伦理相关，强调创造物质财富和精神财富并获得合理报酬；与个人生活相关，强调物质生活来源，并满足精神生活需求。

三、职业与事业

（一）事业的内涵

事业是人们所从事的，具有一定目标、规模和系统的对社会发展有影响的经常性活动。

（二）职业与事业的关系

（1）职业是满足最基本的生活需要，事业更偏向于精神层面。

（2）职业是阶段性的，事业是终生性的。

（3）职业是一个人的谋生手段；事业是自觉的，是由奋斗目标和进取心促成的，是一种愿意为之奋斗一生的"职业"。

四、职业分类

（一）职业分类的概念

职业是随着人类社会进步与劳动分工而产生和发展的，它是社会生产力发展和科技进步的成果。随着职业的发展变化，社会形成了与之相适应的管理体系，在客观上促进了职业分类的产生和发展。

所谓职业分类，是指采用一定的标准和方法，依据一定的分类原则，对从业人员从事的各种专业化的社会职业进行的全面系统的划分与分类。职业分类的目的是将社会上复杂并数以万计的工作类型划分成类系有别、规范统一、井然有序的层次或类别。

我国是世界上最早出现职业分类的国家。《春秋谷梁传》中写道："古者有四民，有士民，有商民，有农民，有工民。"在古代，职业有很强的世袭性，甚至产生了以职业作为姓氏的现象，如师、贾、陶、桑等，反映了当时人们对职业的认同感和归属感。

当今世界上经济发达的国家都分外重视职业分类的问题研究，因为职业分类不仅是形成产业结构概念，划分产业结构、产业组织及进行产业政策研究的前提，同时还是对劳动者及劳动进行分类管理、分级管理及系统管理的需要。

（二）职业分类的特征

1. 产业性

世界各国将产业主要划分为三类：第一产业包括农业、林业、畜牧业和渔业等。第二产业包括采矿业、建筑业、采掘业、制造业等。第三产业包括流通业和服务业等。在传统农业社会，农业人口比重最大；在工业化社会，工业领域中的职业数量和就业人口显著增加；在经济、科技高度发达的社会，第三产业中的职业数量和就业人口显著增加。

2. 行业性

行业是根据生产单位所生产的物品或提供服务的不同而划分的，主要按企业、事业单位、机关团体和个体从业人员所从事的生产或其他社会经济活动的性质的同一性来分类。可以说，行业表示的是人们所在工作单位的性质。

3. 职位性

所谓职位，是一定的职权和相应责任的集合体。职权和责任是组成职位的两个基本要素，职权相同、责任一致，就是同一职位。在职业分类中的每一种职业都含有职位的特性。

4. 组群性

无论以何种依据分类，职业都带有组群特点。例如，科学研究人员中包含哲学研究人员、社会学研究人员、经济学研究人员、理学研究人员、工学研究人员、医学研究人员等；咨询服务工作者包括科技咨询工作者、心理咨询工作者、职业咨询工作者等。

5. 时空性

随着社会的发展和进步，职业变化也很迅速。除旧更新，同一种职业的活动内容和方式也不断变化，所以职业的分类带有明显的时空性。在职业数量较少的时期，职业与行业是同义语，但现在职业与行业是既有联系又有区别的两种概念。在职业分类中，行业一般作为职业的门类。在空间上，职业种类分布有区域、城乡、行业或者国家上的差别。

（三）职业分类的内容

1. 国际职业分类

根据一些西方学者提出的理论，国际上一般将职业按照以下三种标准进行分类。

第一种，按脑力劳动和体力劳动的性质、层次进行分类。按这种分类方法，职业可被划分为白领工作和蓝领工作两大类。白领工作人员包括专业型和技术型的工作人员，农场以外的经理和行政管理人员、销售人员、办公室人员。蓝领工作人员包括手工艺及类似工种的工人、非运输的技工、运输装置的工人、农场以外的工人、服务型行业工人。这种分类方法明显地表现出职业的等级性。

第二种，按心理的个别差异进行分类。这种分类方法根据美国著名的职业指导专家霍兰德创立的"人格—职业"类型匹配理论，把人格类型划分为6种，即现实型、研究型、艺术型、社会型、企业型和常规型，与这6种人格类型相对应的是 6 种职业类型。

第三种，依据各个职业的主要职责或"从事的工作"进行分类。这种分类方法较为普遍，以两种代表示例。一是《国际标准职业分类》，它把职业由粗至细分为 4 个层次，即 8 个大类、83 个小类、284 个细类、1506 个职业项目，总共列出职业 1881 个。其中 8 个大类是：①专家、技术人员及有关工作者；②政府官员和企业经理；③事务工作者和有关工作者；④销售工作者；⑤服务工作者；⑥农业、牧业、林业工作者及渔民、猎人；⑦生产工作者和有关工作者、运输设备操作者和劳动者；⑧不能按职业分类的劳动者。这种分类方法便于提高国际职业统计资料的可比性和进行国际交流。二是《职业岗位分类词典》，它把分属于国民经济中主要行业的职业划分为 23 个主类，主类下分 81 个子类、489 个细类、7200 多个职业。此种分类对每种职业都有定义，逐一说明了各种职业的内容及从业人员在受教育程度、职业培训、能力倾向、兴趣、性格及体质等方面的要求，有较大的参考价值。

2. 我国的职业分类

参照国际标准和方法，1986 年，我国国家统计局和国家标准局首次颁布了中华人民共和国国家标准《职业分类与代码》，并启动了编制国家统一职业分类标准的宏大工程。这次颁布的《职业分类与代码》，将全国职业分为 8 个大类、63 个中类、303 个小类。1992 年，劳动部会同国务院各行业部委组织编制了《中华人民共和国工种分类目录》（以下简称《目录》）。该《目录》根据管理工种的需要，按照生产劳动的性质和工艺技术的特点，将当时我国近万个工种归并分属为 46 个大类、4700 多个工种，初步建立起行业齐全、层次分明、内容较完整、结构较合理的工作分类体系，为进一步做好职业分类工作奠定了坚实基础。

20 世纪 90 年代中期，随着社会主义市场经济体制的逐步建立和科学技术的迅速发展，我国的社会经济领域发生了重大变革，这对人力资源管理提出了新的要求。为此，国家提出要制定各种职业的资格标准和录用标准，实行学历文凭和职业资格两种证书制度。

《中华人民共和国劳动法》明确规定："国家确定职业分类，对规定的职业制定职业技能标准，实行职业资格证书制度。"根据社会经济发展的需要，1995 年 2 月，劳动和社会保障部、国家统计局和国家质量技术监督局联合中央各部委共同成立了国家职业分类大典和职业资格工作委员会，组织社会各界上千名专家，经过近 4 年的努力，于 1998 年 12 月编制完成了《中华人民共和国职业分类大典》，并于 1999 年 5 月正式颁布实施。现使用的为 2022 年修订的新版职业分类大典。

《中华人民共和国职业分类大典》的重要贡献在于，其广泛借鉴国际先进经验（特别是《国际标准职业分类》）和深入分析我国社会职业构成的基础上，突破了过去以行业管理机构为主体，以归口部门、单位甚至用工作形式来划分职业的传统模式。采用了以从业人员工资性质的同一性作为职业划分标准的新原则，并对各个职业的定义，工作活动的内容、形式和范围等做了具体描述，体现了作业活动本身固有的社会性、目的性、规范性、稳定性和群体性特征。《中华人民共和国职业分类大典》科学、客观、全面地反映了当前我国社会的职业构成，填补了我国国家统一职业分类领域的空白，应用领域广泛，具有深远的意义。

（四）职业分类的意义

职业分类对国家合理开发、利用和综合管理劳动力，提高劳动者的素质，促进民族兴旺和国家昌盛的意义重大。

（1）同一性质的工作，往往具有共同的特点和规律。把性质相同的职业归为一类，便于国家对职工队伍进行分类管理，再根据不同的职业特点和工作要求，采取相应的录用、调配、考核、培训、奖惩等管理方法，使管理更具有针对性。

（2）职业分类确定了各个职业的工作责任、履行责任及完成工作所需要的职业素质，为实行岗位责任制提供了依据。

（3）职业分类有助于建立合理的职业结构和职工配置体系。

（4）职业分类是对职工进行考核和智力开发的重要依据。考核就是要考察职工能否胜任其所承担的职业工作以及是否完成了其应完成的工作任务。这就需要制定考察标准，对各个职业岗位工作任务的质量、数量提出要求，而这些都是职业分类的基础。职业分类中规定的各个职业岗位的责任和工作人员的从业条件，不仅是对工作人员进行考核的基础，同时也是对工作人员进行培训的重要依据。

（5）对高职教育而言，科学的职业分类为国家职业教育培训事业确定了目标和方向，《中华人民共和国劳动法》《中华人民共和国职业教育法》等从立法高度明确规定了职业分类，并以此指导职业教育培训工作和职业资格证书制度建设。这充分表明，职业分类在国家人力资源开发体系中具有重要的基础性地位。

（6）职业分类也使大学生能及早了解社会职业领域的总体状况，增强大学生的职业意识，促使他们有意识、有计划、有目的、有针对性地提高自身的职业素质。

五、我国职业的发展情况

（一）我国职业发展的特点

在社会发展的进程中，我国的职业是动态发展的。从总体上看，我国职业的发展呈现以下特点。

1. 社会职业种类越来越多，职业出现的频率逐渐加快

随着社会生产力的发展、社会分工的细化，我国职业的种类越来越多，现有的职业已远远超过"三百六十行"。有关资料显示，职业总和在隋朝大约为100个，在宋朝达到220个，在明朝增至300个。中华人民共和国成立后，全国各种职业的总和已发展到10000种左右。改革开放以来，随着经济结构、产业结构的变化，传统的职业种类逐渐被替代，新职业不断涌现。据统计，现在我国平均每年有600多种新职业出现，同时有500多种传统职业被淘汰。例如，随着电话、传真、电子计算机技术的发展，诸如电报员、电报投递员等传统职业不复存在，铅字打字员、票证管理员等职业正逐渐消失；而计算机出现以后，有了操作员、程序员、计算机销售员、维修员等多种职业岗位；近年来，物流师、心理咨询师、项目管理师、舞台灯光师、茶艺师等各种新兴职业也在不断涌现。

2. 职业分工由简单到精细

以农业为例，早期农业仅指种植业，随着生产力的发展，现代的种植业又可细分为粮食作物种植业、经济作物种植业、蔬菜瓜果种植业、果树种植业等。再如建筑业，从原始的土建这一单一的职业发展到现在的建筑设计、土建、装修装潢等一系列的职业。

3. 社会职业结构变迁的速度越来越快

从农业革命到工业革命经历了数千年，工业革命到信息产业革命用了200多年，而电子行业从产生到发展成为一个主要行业，只用了几十年。

4. 职业活动的内容不断更新

在不同的时代，同一职业的活动内容并不完全相同。例如，设计工程师

以前设计图纸时，使用图板、丁字尺、画笔，而现在运用 CAD 等软件。

5. 脑力劳动职业增加

随着教育、文化、科学技术等的发展，脑力劳动者和专业技术人员在总劳动人口中所占的比重不断增大。

6. 职业的专业化越来越强

若不具备一定的专业能力，达不到专业要求，则不能从事相应的职业。

7. 职业活动自由化

职业活动自由化表现在三个方面：第一，职业活动场所自由化，如网上办公。第二，职业活动时间自由化，如记者、律师等，他们通常没有严格的上下班时间限制，只要完成一定的工作任务即可。第三，职业活动形式自由化，如自由撰稿人、作家等，他们通常没有具体的工作单位，以完成某项工作、任务的形式来履行职业职责。

8. 第三产业的职业数量大幅度增加

随着科技水平的提高，第三产业的职业数量大幅度增加，在发达国家，其就业人数已超过全体就业人数的 50%。第三产业具有的就业容量大、流动性大及弹性高的特点，这将吸引更多的高职院校毕业生从事第三产业的职业。

（二）21世纪职业发展的趋势

职业发展是与经济发展紧密联系在一起的。21 世纪是知识经济的时代，随着高科技和信息技术的迅猛发展，整个世界将发生深刻的变革，那些能够充分发挥个人才能和可以创造更大人生价值的职业将备受青睐，成为职业发展的一大趋势。

从世界范围来讲，随着高科技的发展，21 世纪的产业更加信息化和知识化，知识成为一种再生性战略资源。知识密集型的产业以其高产值、高回报、高效益成为 21 世纪的主导产业，相关的职业也将成为吸纳劳动力最多和人们在择业时首选的职业。知识密集型产业包括新兴的信息产业、通信产业、咨询产业、智能产业等。

随着改革的不断深化，我国的经济结构在 21 世纪发生了很大的变化。第三产业，尤其是第三产业的主导产业——信息业将会不断增长，从而促使我国的职业结构发生重大变化。21 世纪，我国经历三次人口职业结构的转变：

第一次是在 2000 年至 2030 年，我国职业人口的结构从第一产业转变为第二产业和第三产业；第二次是从 2031 年至 2050 年，我国职业人口的结构将从第二产业转变为第三产业；第三次是在 2050 年后，我国职业人口结构将实现向第三产业转变，特别是向第三产业中的知识产业的转变。

第二节　职业素养的内涵及基本要素

一、职业素养的内涵

职业素养是指劳动者在职业活动过程中所表现出来的综合品质。简单地说，个体职业行为的总和构成了个体的职业素养，职业素养是内涵，个体行为是外在表现。它是衡量个人能否胜任所处岗位、体现个人在职场中能否适应的智慧和素养。

职业素养是一个内涵丰富的概念，专业是第一位的，但是除了专业，敬业和道德也是必备的素养，尤其是体现在职业生涯中的职业素养，以及在日常生活中的个人的品格素质与道德修养。

二、职业素养的分类

职业素养大体可分为两个类别：显性职业素养和隐性职业素养。"素质冰山"理论认为，个体素质就像水中漂浮的一座冰山，水上部分的知识、技能仅仅代表表层的特征，不能区分绩效优劣；水下部分的动机、个性、自我意识才是决定人的行为，鉴别绩效优秀者和一般者的关键因素。大学生的职业素养也可以看成一座冰山，冰山露出水面的部分只有 1/8，它代表大学生的形象、资质、知识、职业行为和职业技能等方面，是人们看得见的、显性的职业素养，这些可以通过各种学历证书、职业证书来证明，或者通过专业考试来验证。而冰山隐藏在水面以下的部分占整体的 7/8，它代表大学生的职业意识、职业道德、职业作风和职业态度等方面，是人们看不见的、隐性的职业素养。显性职业素养和隐性职业素养共同构成了职业者应具备的全部职业素养。由此可见，大部分的职业素养是人们看不见的，但正是这 7/8 的隐性职业素养决定、支撑着 1/8 的显性职业素养，所以显性职业素养是隐性职业素养的外在表现。

三、职业素养的基本要素

（一）职业信念

"职业信念"是职业素养的核心。那么，良好的职业素养包含哪些职业信念呢？应该包含良好的职业道德、正面积极的职业心态和正确的职业价值观意识。这些都是一个成功职业人必须具备的核心素养。良好的职业信念应该由爱岗、敬业、忠诚、奉献、正直、乐观、用心、开放、合作及始终如一等关键词组成。

（二）职业知识技能

"职业知识技能"是做好本职业应该具备的专业知识和能力。俗话说"三百六十行，行行出状元"，没有过硬的专业知识，没有精湛的职业技能，不可能成为"状元"。

要把一份工作做好必须坚持不懈地关注行业的发展动态；要有良好的沟通协调能力，懂得上传下达、左右协调，从而做到事半功倍；要有高效的执行力。

俗话说，一个企业的成功30％靠战略，60％靠企业的执行力，只有10％的其他因素。所以，执行力也是每个成功职场人必须修炼的一种基本职业技能，如职场礼仪、时间管理及情绪管控等。

不同职业有不同职业的知识技能，每个行业有每个行业的知识技能。总之，学习并提升职业知识技能是为了让我们把事情做得更好。

（三）职业行为习惯

职业行为习惯就是在职场上通过长时间的"学习—改变—形成"，最后变成习惯的一种职场综合素质。

信念可以调整，技能可以提升。要让正确的信念、良好的技能发挥作用，就需要不断练习，直到其成为习惯。

第三节　职业素养的培养方向及意义

一、如何培养学生的职业素养

近几年，大学毕业生就业已经成为重要的社会问题，也可以说是一个难题。一方面，大学毕业生人数逐年递增，竞争愈发激烈；另一方面，很多企业又在叹息"招不到合适的人"。很多事实表明，这种现象的存在与学生的职业素养难以满足企业的要求有关。"满足社会对人才的需求"是高等教育的目的之一。

二、职业素养在工作中的地位

《一生成就看职商》的作者吴甘霖回首自己从职场惨败到走上成功之路的过程，再总结比尔·盖茨、李嘉诚等著名人物的成功经历，并进一步分析自己所看到的众多职场人士的成功与失败，得到了一个宝贵的结论：一个人的能力和专业知识固然重要，但是，想要在职场成功，最关键的是他所具有的职业素养。一个人在职场中能否成功取决于其职商高低，而职商由主动、责任、发展、敬业、品格、执行、协作、形象、智慧、绩效这十大职业素养构成。

工作中需要知识，更需要智慧，而最终起关键作用的是素养。一个人拥有了这些素养，会少走很多弯路，以最快的速度走向成功。

很多企业之所以招不到满意的员工是因为找不到具备良好职业素养的毕业生，由此可见，企业已经把职业素养作为招聘员工的重要指标。如成都大翰咨询公司在招聘新人时，要综合考查毕业生的五个方面：专业素质、职业素养、协作能力、心理素质和身体素质。其中，身体素质、专业素质是最基本的；职业素养、协作能力和心理素质是最重要和必需的。职业素养可以通过个体在工作中的行为表现出来，而这些行为以个体的知识、技能、价值观、态度、意志等为基础。良好的职业素养是企业员工必须具有的，也是个人事业成功的基础，是大学生进入企业的"金钥匙"。

三、职业素养培养的意义

（一）职业素养培养对个人成长的意义

从个人角度来看，培养职业素养最直接的意义在于能大大提高学生的就业竞争力。适者生存，个人缺乏良好的职业素养，就很难取得突出的工作业绩，更谈不上建功立业。随着高等教育大众化，用人单位对人才的选择余地渐宽，超越学历的劳动力职业素养问题逐渐被用人单位所关注。

现在很多高校毕业生缺乏对所投身职业的基本素养的了解，还不懂得学历与职业之间经常存在不对称的关系。当一个人的职业素养与工作技能不能满足用人单位的要求时，就业难的问题就难以避免。因此，应聘人员的职业素养就成为一个重要的录用标准。如果应聘的毕业生既具有一定的专业水准，又能够表现出良好的职业素养，就有被企业录用的可能。但现实是不容乐观的，大多数毕业生的基本职业能力达不到企业的要求，他们在校时更多地专注于技能的养成而忽视了基本职业素养的培养，但这恰是职场中很重要的素质。在自主择业过程中，职业素养好的大学毕业生往往更受招聘单位的欢迎，比较容易就业，而职业素养差的学生可能难以就业。在求职过程中，部分学生专业水平较低，不能通过专业测试；部分学生能顺利通过专业测试，但因不善沟通、不注重细节、不讲诚信等职业素养的欠缺，最终失去了就业机会。

（二）职业素养培养可以提高企业在市场上的竞争力

从企业角度来看，企业拥有足够的具备较高职业素养的工作人员可以更好地实现生存与发展的目的。他们可以帮助企业节省成本、提高效率，从而提高企业在市场中的竞争力。

（三）职业素养培养直接影响国家经济的发展

从国家角度来看，国民职业素养直接影响国家经济的发展。正因为如此，职业素养教育才显得尤为重要。当前大学生群体中，有相当一部分学生对自己要求不严格，职业素养缺失，从而导致就业状况不理想。因此，着力培养大学生的职业素养已成为当前高校教育迫切需要完成的一个社会任务。这需要高校深入实际，不断探索，重视学生职业素养的培养，为社会培养合格有用的人才，为我国社会主义经济的稳步发展作出贡献。

第四节　职业素养提升的办法

一、自我培养层面

作为职业素养培养的主体大学生，在大学期间应该学会自我培养。

（一）培养职业意识

雷恩·吉尔森说："个人花在影响自己未来命运的工作选择上的精力，竟比花在购买穿了一年就会扔掉的衣服上的心思要少得多，这是一件多么奇怪的事情，尤其是当他未来的幸福和富足要全部依赖于这份工作时。"很多高中毕业生在跨进大学校门之时就认为自己已经完成了学习任务,可以在大学里尽情地"享受"了。这正是他们在就业时感到压力的根源。清华大学的樊富珉教授认为,中国有69%～80%的大学生对未来职业没有规划、就业时容易感到压力。中国社会调查所的一项在校大学生心理健康状况调查显示,75%的大学生认为压力主要来源于社会就业;50%的大学生对于自己毕业后的发展前途感到迷茫,没有目标;41.7%的大学生表示目前没考虑太多;只有8.3%的大学生对自己的未来有明确的目标并且充满信心。培养职业意识就是要对自己的未来有规划。因此,大学期间,每个大学生都应明确:我是个什么样的人?我将来想做什么?我能做什么?环境能支持我做什么?着重解决一个问题,就是认识自己的个性特征,包括自己的气质、性格和能力,以及自己的个性倾向,包括兴趣动机、需要、价值观等,据此来确定自己的个性是否与理想的职业相符。对自己的优势和不足有一个比较客观的认识,结合环境如市场需要、社会资源等确定自己的发展方向和职业选择范围,明确职业发展目标。

(二) 显性职业素养的培养

配合学校的培养任务,完成知识、技能等显性职业素养的培养。职业行为和职业技能等显性职业素养比较容易通过教育和培训获得。学校的教学及各专业的培养方案是针对社会需要和专业需要制定的,旨在使学生获得系统化的基础知识及专业知识,加强学生对专业的认知和知识的运用,并使学生获得学习能力、形成学习习惯。因此,大学生应该积极配合学校的培养方案,认真完成学习任务,尽可能利用学校的教育资源,包括教室、图书馆等获得知识和技能,作为将来职业需要的储备。

(三) 隐性职业素养的培养

有意识地培养职业道德、职业态度、职业作风等方面的隐性职业素养是大学生职业素养培养的核心内容。核心职业素养体现在很多方面,如独立性、责任心、敬业精神、团队意识、职业操守等。事实表明,很多大学生在这些方面存在不足。有记者调查发现,缺乏独立性、爱抢风头、不愿下基层吃苦等表现容易断送大学生的前程。喜欢抢风头的人被认为没有团队合作精神,用人单位也不喜欢。如今,很多大学生生长在"6+1"的独生子女家庭,因此,在独立性、承担责任、与人分享等方面都有所欠缺。大学生应该有意识地在学校的学习和生活中主动培养自己的独立能力,学会分享和感恩、勇于承担责任，不要把错误和责任都归咎于他人。自己摔倒了，不能怪路不好，要先检讨自己，承认自己的错误和不足。

大学生职业素养的自我培养应该加强自我修养，在思想、情操、意志、体魄等方面进行自我锻炼。同时，还要培养良好的心理素质，增强应对压力和挫折的能力，善于从逆境中寻找转机。

二、学校培养层面

职业素养是一种综合素质，是多种品质的综合体现。学校应该从以下五个方面着手加强对学生职业素养的培养。

（一）把职业素养的培养纳入职业素养培养的系统工程

从学生进入大学校门的那一天起，学校就应该让他们明白高校与社会的关系、学习与职业的关系、自己与职业的关系。全面培养大学生的显性职业素养和隐性职业素养，并把隐性职业素养作为重点去培养。

（二）构建科学的培养体系

例如，可以以就业指导部门为基础成立学生职业发展中心，并开设相应的课程，及时向学生提供职业教育和实际的职业指导，最好是配合提供相关的社会资源。另外，深入了解学生需要，改进教学方法，提升学生对专业学习的兴趣，满足学生对本专业各门课程的求知需求，尽可能向学生提供正确、新颖的学科信息。

（三）形成正确的职业培养意识

帮助学生树立正确的人生观和价值观，形成良好的学习和生活习惯，帮助学生认识社会、观察社会，并结合自身的实际情况，初步形成正确的职业意识和理性的就业观念。

（四）加强专业技能的培养

要在课堂教学中，尤其是专业学科教育中加强引导，因为专业课的学习将直接影响学生将来的就业、研究方向。新生从入学开始，如果能懂得专业课的重要性，就可以在未来的大学学习期间做到有的放矢，围绕专业课逐步了解并热爱自己的专业，为未来工作奠定坚实的基础。在学习和研究专业知识的过程中，学生养成好学上进的优良品质，最终可以形成良好的职业素养。

（五）指导学生完善职业生涯规划

指导学生设计职业生涯规划，培养学生的职业理想。职业生涯规划是指将个人情况以及眼前的机遇和制约因素相结合，在对个人职业生涯的主客观条件进行测定、分析、总结研究的基础上，对个人的兴趣爱好、能力、特长、经历及不足等方面进行综合分析与权衡，结合时代特点，根据个人的职业倾向，确定最佳的职业奋斗目标，并为实现这一目标作出行之有效的安排。澳大利亚诗人戴维·坎贝尔说过："目标之所以有用，仅仅是因为它能帮助我们从现在走向未来。"职业生涯规划的目的就是对自己的未来进行合理规划。职业规划的过程，也是认识自我、分析自我、要求自我的过程，学生根据自身的个性设计职业生涯规划，明确职业发展目标，筹划未来，选择一条真正适合自己的发展道路，最终实现职业理想。

三、社会资源与大学生职业素养的培养

大学生职业素养的培养不能只依靠学校和学生本身，社会资源的支持也很重要。很多企业都想把毕业生直接投入"使用"，但是发现这很困难。因此，企业也逐渐认识到，要想获得职业素养较好的大学毕业生，企业也应该参与大学生职业素养的培养。企业可以通过以下方式参与。

（1）企业与学校联合培养大学生，为学生提供实习基地以及科研实验基地。

（2）企业家、专业人士走进高校，为学生提供实践知识，宣传企业文化。

（3）完善社会培训机制，让社会培训机构走入高校，对大学生进行专业的入职培训及职业素质拓展训练等。

总之，大学生职业素养的培养是目前高等教育的重要任务之一，而这一任务的有效执行，需要学生、学校及社会三方面的协同、配合和努力。

第二章 民航职业意识

第一节 民航职业的服务意识

一、民航岗位服务礼仪

飞机客舱服务是民航运输服务的核心部分，它直接影响旅客对航空公司的服务质量的评价。乘务员作为客舱服务的提供者，直接与旅客接触，对航空服务质量具有决定性的影响。乘务员的主要工作内容包括履行客舱安全职责和客舱服务职责两个部分，以确保旅客在旅途中的安全与舒适。

（一）客舱迎送礼仪

旅客乘机过程的开始阶段和结束阶段对于旅客的乘机体验至关重要。因此，在旅客登机时和旅客离机时，乘务员应在客舱门口及客舱内迎送旅客，展示出良好的职业形象，给旅客留下亲切、热情的印象。

1. 仪容仪表整理

在接到旅客即将登机的通知后，乘务员应迅速整理仪容仪表，乘务员之间可互相检查整理。检查的主要内容：第一，头发是否整齐；第二，妆容是否精致；第三，制服穿着是否符合标准；第四，丝袜有无破损；第五，鞋面是否干净；第六，双手是否干净。倘若发现有不妥之处，应快速进行改善。

仪容仪表整理完毕后，乘务员按照各自的岗位分工，站于指定的位置，准备迎接旅客。

2. 站姿与站位

乘务员保持规范站姿迎送旅客，女性乘务员采用前腹式站姿，男性乘务员采用垂臂式或前腹式站姿。位于舱门处的乘务员应站在乘务员座席一侧，侧身 45°面向旅客。

3. 舒心的问候

（1）问候要积极主动。乘务人员向旅客问候时，一定要积极主动，这既是职业和礼貌的要求，也会让乘务人员在此后的谈话交流和服务中占据主动。如果问候不积极主动，有可能因为旅客的走动、接听电话、与他人交流而错过问候旅客的时机。此外，如果旅客先于自己问候，乘务人员一定要及时问候旅客，不能没有反应。

（2）问候声音要清晰、洪亮且柔和。乘务人员问候旅客时，声音要洪亮，确保旅客能听得见。尤其是在早晨、午后、傍晚等旅客容易困倦时，大声地问候会使旅客感到兴奋，同时也使旅客对其有鲜明突出的印象，有利于营造开朗、活跃的服务氛围。

乘务人员问候旅客时，还要语言清晰。无论使用中文还是英文，都应做到发音准确，吐字清晰，确保旅客听得清楚。

乘务人员问候旅客时，也要语气柔和，确保旅客听得舒服。语气生硬，便失去了热情友好以及和善的态度，不仅使问候变得多余，甚至会起到相反的效果。

（3）问候要注意人物、时间及乘机状况。旅客的身分、目的等情况各不相同，所以绝不可千篇一律地进行问候。例如，对于行李过多的旅客，可以说"欢迎登机，我来帮您吧"；对于匆匆赶来的旅客，可以说"您好，请不要着急，飞机还要等一会儿才起飞"；对于生病的旅客，可以说"请不要担心，我们会尽力照顾您的"等，这些都是非常得体的问候方式。相反，如果对一个悲伤的人只是说"您好"，对一个外籍旅客说"您吃了吗？"等，则是不合适的问候。

4. 规范的手势

迎送旅客时需要使用服务手势的情况主要有三种。

（1）递接旅客的登机牌。当旅客递过登机牌时，乘务员应双手接过，迅速查看座位信息后双手交还给旅客，同时告诉旅客座位的大体位置。

（2）为旅客引导指示方位。通常采用横摆式的手势为旅客指示行进方位，在必要时应带领其入座。

（3）为旅客指示座位。为旅客指示座位时，单手从体侧抬起，目光应跟随手指示的方向，同时以语言告知旅客座位的具体方位。

5. 行李架操作规范

乘务员应帮助有困难的旅客放置和提取行李，飞机起飞和降落前进行安全检查时需检查行李架是否关闭稳妥，下面是行李架操作规范。

（1）进行客舱安全检查时，乘务员在走动的同时，应采用单臂侧身检查行李架的方式。

（2）打开或关闭行李架时，身体面向行李架，一手打开行李架开关并向上抬起，另一手挡在行李架下方，防止行李滑落砸伤旅客，切不可用一只手操作行李架。必要时可采用踮脚的方式来增加身体的高度，同时注意保持整体姿态的优雅。打开或关闭行李架的动作不可用力过猛，以免发出巨大声响惊吓到旅客。

（3）放置和提取行李物品时，身体面向行李架，用双臂托举或取下物品。对待旅客的行李必须轻拿轻放，正面朝上，整齐摆放。

（二）客舱巡视礼仪

客舱巡视是客舱服务的例行程序，通过客舱巡视，乘务员能够及时发现问题并予以解决，以确保给旅客提供安全、舒适的乘机体验。

1. 客舱巡视内容

乘务员在进行客舱巡视时主要关注三个方面的问题：第一，客舱安全。在飞机起飞前以及飞机降落前，乘务员都要进行例行的客舱安全检查，查看旅客是否系好安全带、收起小桌板、打开遮阳板、关闭手机及电子设备等。第二，旅客状况。乘务员在飞行过程中应定时巡视客舱，观察旅客情况，及时提供周到细致的服务，例如，为睡着的旅客关闭阅读灯，询问老人、孕妇等特殊旅客是否需要帮助等。第三，客舱环境。乘务员在巡视客舱时要关注并及时处理散落在过道里的垃圾，避免造成通道堵塞。餐后巡视客舱时，应拿着托盘，收拾旅客的餐盒、杯子等。

2. 客舱巡视礼仪规范

（1）乘务员在客舱巡视时，应保持面带微笑，步伐轻缓。

（2）行走过程中，女性乘务员双手轻放于腰部，手腕微向上抬，双臂微收；男性乘务员双臂自然下垂。

（3）巡视过程中，乘务员的目光应关注自身前方左右两侧座位大约五排的范围内，以正视的目光与旅客交流，同时用微笑和点头的方式向旅客表示问候。

（4）在客舱通道与旅客相遇时，首先应礼貌地点头问候"您好"，之后站在一侧，背向通道，让旅客先行通过，手的姿态保持不变。若旁边座位没有旅客，可退到座位处，面向旅客，让旅客先行通过。与其他乘务员交会时，双方应以背靠背的方式通过。

（三）书报杂志服务礼仪

1. 手持报纸杂志的操作规范

（1）手持报纸时，需将每份报纸折叠后整齐摆放，相同的报纸放在一起，不同的报纸应露出刊头依次层叠。

（2）杂志应每本分开排列成扇形持于手中。

（3）手持报纸杂志时，应左手四指并拢，掌心向上托住报纸或杂志的底部，拇指放于里侧，使报纸杂志大约45°立起以方便旅客查阅，右手并拢扶在报纸杂志的右上角。

（4）手持报纸杂志在客舱行走时，步伐应缓慢，面带微笑，礼貌询问："请问需要报纸杂志吗？"若有旅客需要，应立即停下为其提供。

2. 递送报纸杂志的操作规范

（1）乘务员应侧身45°面向旅客站立，身体微向前倾，眼神注视旅客，将报纸杂志展示给旅客并礼貌询问："我们为您准备了《××××报》《××日报》《××日报》，请问您需要哪一种？"

（2）取报纸杂志时：若是最外侧的可直接取出；若是内侧的，应用右手的拇指和食指捏住报纸的一边，沿着边缘至上角，翻手掌将其取出。

（3）将报纸杂志递给旅客时应用右手，拇指在上，四指并拢在下，刊头对着旅客。

（4）若旅客需要的报纸杂志已发放完了，应向旅客致歉并提供其他选择："对不起，暂时没有您需要的杂志了，您看这些杂志里有您想看的吗？"或记下旅客座位号待其他旅客阅读完后为其送来："对不起，暂时没有这份报纸了，等其他旅客看完后我马上给您送一份来，您看可以吗？"

（四）客舱送餐服务礼仪

1. 推拉餐车的操作规范

（1）推餐车时，双手五指并拢扶在餐车上方两侧，双臂不能撑在餐车上。

（2）拉餐车时，双手握拳拉住餐车上方凹槽处，拇指不外露。

（3）推动餐车前进时应把握好方向，速度适宜，注意不要碰到旅客的脚和座椅的扶手。

（4）倒拉餐车时应控制好步伐，留意身后是否有障碍物。

2. 托盘的使用规范

（1）端托盘时，大小臂呈 90°，拇指扶着托盘的外沿，四指并拢托住盘子底部。

（2）乘务员持空托盘时，拇指置于托盘的盘面，四指并拢置于托盘的底部，抓紧托盘，将托盘面朝内，与地面垂直，自然竖直放于体侧。

3. 提供饮品的服务规范

（1）提供饮品时应先询问旅客。乘务员侧身 45°面向旅客，身体略向前倾，面带微笑，目光注视旅客，问询："您好，这里有咖啡、橙汁、可乐、矿泉水，请问您喜欢什么？"

（2）倒饮品时，先从餐车上取下杯子，手持杯子底部，上身略向前倾，夹紧手臂，杯子倾斜 45°，通常倒至杯子的 2/3 处。给儿童旅客倒饮品时，倒至杯子的 1/2 处。

（3）将饮品递送给旅客时，最好用双手递送，或者用左手递送给左侧的旅客，用右手递送给右侧的旅客（机尾方向则相反）。按照从前到后，从里到外的顺序进行。

（4）将饮品递给旅客或放置在小桌板上时，动作要稳，并配合合适的语言："您好，这是您的咖啡/橙汁/可乐/矿泉水，请慢用。"若是热饮应提醒旅客注意。

（5）若不慎将饮品洒落，不要慌张，应该马上向旅客致歉并用干净的纸巾或毛巾为旅客擦拭。

4. 提供餐食的服务规范

（1）提供餐食时应先询问旅客。乘务员应侧身 45°面向旅客，身体略向前倾，面带微笑，目光注视旅客，问询："您好，这里有鸡肉饭、猪肉饭、牛肉面，请问您喜欢什么？"

（2）将餐食置于餐盘上递送给旅客，最好用双手递送，或者用左手递送给左侧的旅客，用右手递送给右侧的旅客（机尾方向则相反）。按照从前到后，从里到外的顺序进行。

（3）将餐食递给旅客或放置在小桌板上时，动作要稳，并配合合适的语言："您好，这是您的鸡肉饭/猪肉饭/牛肉面，请慢用。"

（4）送餐时若旅客正在休息，不应打扰旅客，需记下旅客的座位号并放置休息卡，待旅客醒来后送上餐食。

5. 回收餐具的服务规范

（1）回收餐具时应先征询旅客："您还需要使用吗？"待旅客同意后方可回收。

（2）收拾餐具时动作要轻缓，注意避免垃圾残渣撒落。

（3）回收的餐具应整齐摆放在餐车上。

（4）若旅客的小桌板有污渍，应及时用干净的毛巾擦拭干净。

（五）客舱广播礼仪

客舱广播是用艺术语言来传达情感，需要乘务员使用标准的普通话、流利的英语等语种进行播音。乘务员在努力学好业务知识的同时，应加大训练普通话和英语口语的力度。要知道，广播器传出的效果是只闻其声、不见其人，这就要求广播员在广播时声情并茂，让旅客感觉像是在聆听美妙的音乐。

在客舱播音中，对象感是乘务员在面对话筒，虽然眼前没有旅客，但是广播时要努力做到心中有人的感觉。在备稿时要对旅客进行设想，在广播时感受旅客的存在和反应，并由此调动自己的思想情感，实现有感情的表达。如果没有感情地广播，那么旅客听到的将是平淡呆板、没有起伏、语速过快或过慢的生硬话语。

客舱广播礼仪规范要求如下。

（1）负责广播的乘务员，必须经过专门培训，取得广播电视播音员资格证之后方可上岗。

（2）保证相应的航线有相应语种的广播。

（3）广播用语需准确、规范，广播员语言亲切自然、音量适中。

（4）广播语种顺序：中文、英文、相应语种。

（5）在条件允许的情况下，根据机型分舱广播。

（6）长航线的夜航飞行，中途开餐时可不进行餐前广播。

（7）航班延误及时广播通知旅客。

（8）紧急情况下，由带班乘务长负责广播。

二、民航地面服务礼仪

民航地面服务工作是体现航空公司服务质量的另一个重要窗口,地面服务始于旅客进入候机楼办理乘机手续,止于旅客进入机舱。

(一)候机楼值机服务礼仪

值机服务是指为旅客办理乘机手续的整个服务过程,其主要内容包括查验证件、安排座位、发放登机牌、收运行李及相关旅客运输服务的处理。它是民航地面服务的一个重要组成部分,是民航运输生产的一个关键性环节。

1. 值机柜台的设置

为了提高服务效率和质量,合理分流旅客,机场或航空公司会根据所拥有的值机柜台数量及旅客类型对值机柜台进行分类设置,较常见的类型有普通旅客柜台、无托运行李柜台、特殊旅客柜台、晚到旅客柜台、团体旅客柜台、逾重行李柜台、超大超限行李柜台、VIP柜台、候补旅客柜台、值机主任柜台等。

目前,除了传统的柜台值机方式,还出现了许多其他的值机方式,例如,自助值机、网络值机、手机值机、巴士值机、异地候机楼值机、移动值机等。这些新兴的值机方式在给旅客提供便利的同时,也为航空运输企业节省了成本。

2. 迎送旅客礼仪

(1)旅客到达值机柜台时,值机人员应站立迎接,面带微笑,主动问候"您好!""早上好/下午好!"等。

(2)如值机柜台前无旅客等候值机,值机人员可以坐下等待,但坐姿应保持端正。

3. 查验证件礼仪

(1)如果旅客未主动出示证件,值机人员应礼貌索要:"您好,请出示您的身份证件(护照)。"旅客出示证件时,值机人员应站立并双手接过旅客证件,之后坐下办理乘机手续。

(2)要快速高效查看旅客证件。通常身份证应在8秒以内查看完毕,护照应在30秒以内查看完毕。

(3)办理手续前,需向旅客确认航班信息和目的地:"您是准备乘坐××航班去××吗?""您准备乘坐的是×点×分飞往××的航班,对吗?"

（4）VIP柜台及两舱柜台的值机人员需提供姓氏服务。在不知道旅客姓名的情况下，可以使用"先生/女士/小姐"称呼旅客；当查验过旅客证件，获知旅客信息后，在后续服务过程中，必须以"姓氏＋先生/女士/小姐"称呼旅客。

4. 安排座位

安排座位是值机工作的一项重要任务，在满足飞机配载平衡及飞行安全的基础上，值机人员应尽量满足旅客对座位的需求，同时应主动根据旅客的实际情况为其安排合适的座位。

（1）主动询问旅客对座位的喜好。询问座位需求时应根据航班座位实际剩余情况灵活使用提问方式，同时注意以下几点技巧。

第一，通常不使用开放式的提问方式，如"您需要什么样的座位？"而是尽量使用封闭式的提问方式以节省时间，提高效率。

第二，多数旅客喜欢靠窗或靠过道的座位，因此在座位充足的情况下，通常使用"请问您需要靠窗座位还是靠过道座位？"

第三，若靠窗和靠过道位都没有了，可不必询问旅客的座位喜好或询问："您需要靠前的座位还是靠后的座位？"

第四，当航班座位剩余量少时，可不必询问旅客的座位喜好。

（2）在不能满足旅客座位需求时，应向旅客致歉解释并提供其他座位选择："对不起，靠窗的座位没有了，我给您安排一个靠前的过道座位，您看可以吗？"

（3）同行的旅客应尽量将其座位安排在一起，如没有相连的座位应告知旅客并致歉："对不起，现在没有一起的座位，我将你们安排在最近的区域内，您看可以吗？"

（4）对于特殊旅客如孕妇、婴幼儿、乘坐轮椅的旅客、老年旅客等，应按照特殊旅客的座位安排要求为其选择合适的便于服务的座位。

（5）在安排紧急出口座位时，应严格按照规定执行，必须明确告知旅客紧急出口座位相应的职责，在得到旅客的应允后方可将旅客安排在紧急出口座位。

5. 收运行李

收运行李是值机中的一项重要工作，其工作内容包括检查行李外包装、了解行李内是否有不符合规定的物品、行李过重收取相应的逾重行李费等。

（1）主动询问旅客是否有托运行李，例如，"请问您有需要托运的行李吗？""麻烦您将托运行李放在行李带上，谢谢！"等。

（2）认真检查旅客行李的外包装，若发现外包装不符合要求，应礼貌告知："对不起，您的行李包装不妥，运输过程中可能会造成行李损坏，麻烦您按照……的要求重新包装一下，谢谢！"若旅客行李的外包装有损坏，应同旅客进行确认，并在行李牌上做好相应的标识："您的行李箱轮子掉了一个，麻烦您签字确认一下，谢谢您的配合！"

（3）对待旅客的行李应轻拿轻放，规范粘贴、拴挂行李牌，将行李识别联粘贴在登机牌副联的背面。

（4）主动了解旅客行李的安全问题，例如，"请问您的托运行李里有贵重物品或易碎物品吗？""您的托运行李里是否有充电宝或含锂电池的电子产品？""请您看一下告示牌，以确保您的托运行李内没有所示物品，谢谢！""您的行李内有帮他人携带的物品吗？"等。

（5）若旅客的行李逾重应明确告知旅客相关规定："对不起，您的行李重量超过了经济舱 20 kg 的免费行李额度，您需要交纳逾重行李费，请您到××柜台办理，谢谢。"

6. 礼貌道别

（1）手续办理完毕后，值机人员须站起来，用双手将旅客身份证件、登机牌等物品一并交还给旅客，并礼貌提示："这是您的登机牌和身份证件，请您收好。"

（2）必要时，口头向旅客提示登机口及登机时间信息，并用手势指示安检通道方位，例如，"您的航班马上就要开始登机了，请您抓紧时间进行安全检查，到××号登机口登机""您的航班在×区××号登机口登机"等。

（3）面带微笑，礼貌告别，例如，"祝您旅途愉快！""再见！"等。

（二）候机楼问询服务礼仪

在机场候机楼的显眼位置一般都设有专门的问询柜台。问询柜台主要为旅客及其他顾客提供航班信息、机场交通、候机楼设施使用等一系列问询服务。问询服务往往能够直接解决旅客在旅行过程中遇到的许多麻烦，为旅客解决问题指明方向，已经成为航空运输业旅客服务不可缺少的窗口。

1. 候机楼问询服务概述

候机楼问询服务根据服务方式的不同，可分为现场问询和电话问询。现场问询是指在候机楼设立专门问询柜台向旅客提供服务。电话问询又分为自动语音应答问询和人工电话问询。自动语音应答问询是指旅客根据自动语音提示进行操作，这种方式能快速高效地解决常见的问题；人工电话问询则主要用来解决旅客提出的一些比较特殊或非常规的问题。

问询岗位的服务人员需要具备较为全面的民航相关知识才能为旅客提供全面、优质的服务。具体而言，问询岗位的服务人员应熟悉民航基础知识，国内、国际旅客行李运输及客票业务的相关知识，机场旅客服务的基本业务流程；掌握民航相关的法律法规及政策，机场交通状况及当地基本地理状况；了解安全检查及联检单位的基础业务知识等。

问询服务实行"首问责任制"，即接到旅客求助的第一位工作人员有责任在第一时间内确保准确答复或有效解决问题，否则必须将旅客指引到能提供有效服务的单位或岗位。

2. 现场问询服务礼仪要求

接待旅客问询实行站立式服务，见到有旅客走向问询柜台，工作人员应主动站立，保持规范站姿，面带微笑，提供主动式服务："您好，请问有什么可以帮到您的？"而不应等旅客先提出问题。如柜台前无旅客问询，工作人员可坐下等待，但坐姿需保持端正。工作人员在现场被问询时，应注意以下礼仪规范。

（1）与旅客沟通时，首先要认真倾听旅客的问题，不打断旅客，注意旅客的身体语言，了解旅客真实全面的需求。

（2）与旅客交谈时，眼神要亲切柔和、友善专注，保持目光交流，切忌上下反复打量对方。

（3）与旅客沟通时，做到口齿清晰、语速适中、语言简明清晰，尽量使用通俗易懂的语言，避免使用专业术语等特殊用词。

（4）用双手递接旅客的票证和其他物品，递送物品时应面对旅客，方便旅客查看。

（5）若需要旅客等待，应礼貌告知："请您稍等，我马上为您查询。"

（6）如无法回答旅客询问的内容，要主动说对不起，然后告知旅客前往正确地点询问或协助旅客咨询相关部门。例如，"对不起，这个问题我无法给您准确回复，请您前往××柜台，那里的同事可以帮助您。"切忌使用"不知道""这不是我的职责""你自己找"等直接或间接的语言拒绝旅客。

（7）为旅客指示方位或物品时，右手手臂提起，掌心向斜上方与地面呈

45°，眼睛看着指示的方向或物品，以胳膊的屈伸度表达指示距离的远近。

（8）服务结束后应再次询问："请问还有别的可以帮到您的吗?"

（9）工作人员应站立目送旅客离去后，方可坐下。

3. 电话问询服务礼仪

工作人员在接听电话问询时，应注意以下礼仪规范。

（1）接听电话问询时，铃响不超过三声，如超过应向旅客致歉："对不起，让您久等了。"

（2）接听电话时通常应左手拿听筒，方便右手做记录或查询计算机。

（3）在接听电话时，要首先问候对方（如"您好""早上好""晚上好"等），然后，主动告知对方本部门名称："您好，××机场问询处，请问有什么可以帮到您的?"

（4）通话音量要以对方能听清为宜，任何情况下均要避免在打电话时大声喧哗。

（5）接听电话时要保持端正坐姿，面带微笑，不可同时做其他事情。

（6）接听电话时，若有其他旅客前来询问，应请旅客稍稍等候。在不影响通话进行的前提下，可用手盖住电话话筒并轻声对前来问询的旅客说："对不起，请您稍等"，或用眼神、点头微笑等方式来表达。

（7）通话结束时，要感谢对方来电，并礼貌结束："感谢您的来电，再见。"

（8）要等对方挂断电话后，方可挂断，不得摔放电话。

（三）安全检查岗位礼仪

安全技术检查简称安全检查，是指在民用机场为防止劫（炸）飞机和其他危害航空安全事件的发生，保障旅客、机组人员和飞机安全所采取的一种强制性的技术性检查。

安全技术检查工作包括对乘坐民用航空器的旅客及其行李，进入候机隔离区的其他工作人员及其物品、空运货物、邮件进行安全技术检查，还包括对候机隔离区内的人员、物品进行安全监控。安全检查岗位的工作内容主要包括以下三个方面。

（1）证件检查。是对乘机旅客的身份证件进行查验，防止旅客用假身份证件或冒用他人身份证件乘机。

（2）人身检查。是对乘机旅客的人身检查，包括使用仪器和手工检查

（搜身检查）。

（3）物品检查。是对行李物品的检查，包括使用仪器和手工开箱（包）两种方式检查。

1. 验证查验岗位礼仪规范

（1）准备工作与等待服务。验证检查员检查设施设备并登录安检信息系统，等待服务。验证检查员应挺胸端坐在验证台后的椅子上，必要时可微微向前倾或站立。

（2）引导旅客或其他工作人员。验证检查员具体工作包括请旅客或其他工作人员站在门禁区1米黄线外排队候检，应使用正确手势提醒或引导，主动和旅客或工作人员打招呼，点头微笑。

（3）查验证件或查验门禁卡。仔细核对证件真伪，查验是否存在冒名顶替情况以及是否为在控人员，查验门禁卡是否有效或持卡人是否违规，若有可疑情况要及时报告上级。应右手或双手接递证件。检查中发现旅客有戴墨镜、围巾、口罩或帽子等情况时，应主动提示其摘下，语气平和，文明有礼。扫描旅客手机二维码时的注意事项：要轻拿轻放，小心跌落，扫描完毕后小心递还。

（4）盖章放行。确认无误后进行盖章，准确录入信息，将身份证件和登机牌交还给旅客。具体操作：在登机牌上加盖验讫章后，将登机牌对折，避免印油弄脏旅客物品。随后将身份证件和登机牌一并交还给旅客。用正确的手势指引旅客进入检查通道。

（5）情况处置与移交。对可疑和异常情况进行处置，将可疑人员或违禁物品移送上级处理。

在检查中发现证件有模糊不清、涂改等情况时，询问要自然大方、态度和蔼、语言得体。在检查中发现有疑似冒名顶替情况时，要注意语言和方法，切忌先入为主，主观判定。整个过程应使用文明用语，不可使用粗暴的语言和肢体动作。

2. 前传检查岗礼仪规范

（1）准备工作与等待服务。检查篮筐，并将其摆放至适当位置，方便旅客或其他工作人员放置随身物品。同时要仔细检查篮筐，确保篮筐清洁、数量充足且摆放整齐有序。前线检查岗位的工作人员应挺直站立在X射线机靠安全门前方的一侧，微笑等待旅客，站姿自然端庄，双目注视前方。

（2）引导检查对象放置行李。协助旅客或其他工作人员将随身携带的行李和物品放置在 X 射线机传送带上，以便通过检查。

① 应指引旅客正确放置行李。

② 应协助老人、残疾人等特殊人群将行李物品放置在 X 射线机传送带上。

③ 应将容易被卷入传送带卷轴或缝隙的行李物品（如双肩背包、衣服、零散物品等）以及容易发生散漏的包袋（如没有封口的袋子、没有拉链的手提包和液态物品等），放置在篮筐内通过 X 射线机检查，防止损坏旅客物品。

④ 应时刻留意传送带转动情况，防止因 X 射线机操作惯性，导致旅客行李跌落。

（3）核查登机牌。请旅客出示登机牌并进行核查。

① 核查完旅客登机牌后，要将登机牌对折，防止印油弄脏旅客衣服。

② 登机牌、身份证应放置在旅客物品之下或篮筐的底部，防止通过 X 射线机时遗失。

③ 对漏盖验章和区域不符的旅客，要主动表示歉意，并给予清晰的指引。

（4）传递检查信息。将验证员的通知信息和自身需告知的信息准确传递给其他岗位人员，确保准确实施各类检查措施。传递检查信息的行为标准如下：

① 在旅客取走篮筐内物品后，要检查篮筐内是否有遗留物品，发现情况要及时找寻失主或报告上级。

② 应提醒旅客检查后拿回物品。

（5）引导旅客或其他工作人员。有序地引导旅客或其他工作人员通过安全门接受检查。

① 应按照规范手势和操作引导旅客或其他工作人员。

② 应引导装有心脏起搏器、孕妇等特殊旅客从安全门或 X 射线机旁通过，接受纯手工检查。

3. 人身检查岗礼仪规范

人身检查岗分为引导和安全门检查两个岗位，其工作内容包括引导旅客有秩序地通过安全检查门；检查旅客自行放入篮筐中的物品；对旅客进行仪器或手工检查；准确识别并根据有关规定正确处理违禁物品。

（1）准备工作和等待服务。安全门人身检查员等待旅客时，应站立在指定的位置，面带微笑，保持正确的站姿，两臂自然下垂，右手持金属探测器，左手握于右手腕。

（2）人身检查。具体步骤：

① 请受检对象通过安全门接受人身检查。

② 请受检对象抬起双手配合人身检查。

③ 提醒受检对象自行取出需要检查的物品，注意检查动作的快、准、轻，不得未经对方同意掏取其口袋中的物品。

④ 人身检查员在检查过程中应主动围绕对方对其进行人身检查，同时用语言提醒对方，例如，"请稍等"。

⑤ 对受检对象的腿部进行检查时，需采取下蹲姿势。

⑥ 根据实际情况进行脱鞋检查，鞋子需通过 X 射线机检查，检查完毕后主动将鞋子取回交还于旅客。

⑦ 检查完毕向旅客致谢，提醒旅客取回放在篮筐里的金属物品和通过 X 射线机检查的行李。

⑧ 维持好旅客候检秩序，提醒旅客按顺序逐个通过安全门，接受人身检查。

（3）情况处置。妥善放置查获的违禁品，不得随意丢弃或遗留。要反应敏捷，做到眼观六路、耳听八方。

4．X 射线检查岗礼仪规范

按操作规程正确使用 X 射线检查仪；观察、辨别监视器上受检行李（货物、邮件）图像中的物品形状、种类，发现、辨认违禁物品或可疑图像；将需要开箱（包）检查的行李（货物、邮件）及重点检查部位准确无误地通知开箱（包）检查员。

（1）准备工作与等待服务。按开机规范程序启动 X 射线机。等待行李检查时，X 射线机操作员端坐于 X 射线机操作台前。

（2）X 射线机操作及发出开包指令。具体步骤：

① 执行 X 射线机操作任务时，目视显示器。

② X 射线机操作员要腰背挺直，不得背靠椅子，应将双手放在操作台上。

③ 将需要开包检查的行李及重点检查部位准确无误地通知开包检查员。

④ 检查行李过程中，若行李图像显示有疑点，需要开包，应给予开包员明确清晰的指示，例如，"××，这个行李需要开包检查"。

5．开箱（包）检查岗礼仪规范

对旅客行李（货物、邮件）实施开箱（包）手工检查，准确辨认并按照有关规定正确处理违禁物品，严防错检、漏检。

（1）准备工作与等待服务。开箱（包）检查员等待 X 射线机操作员的开包指令时，应站立于 X 射线机操作员身后约 0.5m 处，正视前方，注意站姿。

（2）开箱（包）检查。具体步骤：

① 请旅客到开箱（包）台接受行李开箱（包）检查。

② 询问旅客是否带有违禁物品，如有携带，请旅客主动拿出来。

③ 动作要规范，检查动作要快、准、轻，不得乱翻旅客行李物品。

④ 准确辨认和按照有关规定正确处理违禁物品，耐心向旅客解释相关的规定。

⑤ 排除疑点后，协助旅客还原行李箱包。

（3）特殊情况处理。检查出旅客带有不能随身携带登机但可暂存的物品时，为旅客开具"暂存物品凭单"。书写整洁干净，字体清晰。移交暂存单和暂存物品时，经手人与维序勤务员应做好台账登记。

（四）候机楼要客服务礼仪

1. 要客的心理特点

自尊心、自我意识强，希望得到应有的尊重；与普通旅客相比他们更重视环境的舒适以及接受服务时心理上的感觉；由于乘坐飞机的机会可能比较多，他们会在乘机的过程中对机上服务进行一种有意无意的比较。服务员为他们服务时，要态度热情，语言得体，落落大方，针对他们的心理需求采用适宜的服务方式。在服务过程中，心态要健康，做到亲切、大方、自然。

2. 要客的服务要点

（1）要客通常最后登机，最先下飞机。

（2）尽早了解要客的有关情况及特殊要求、饮食习惯、生活习惯等。

（3）在要客登机后，能准确无误地叫出他们的姓氏及职务；在无法得知要客的姓氏时，可通过与之沟通或查看登机牌等方式了解情况，并根据情况处理。

（4）要客原则上由乘务长亲自服务，也可视情况指定乘务员提供服务。

（5）服务时注意避免暴露要客的身份信息。

（6）保证要客在机上的安全以及与地面的交接工作顺利进行。

3. 要客服务的注意事项

（1）不要随便打听要客的隐私。

（2）不在本舱位服务的乘务员不可进入本舱位。

（3）不要打扰要客的工作和休息。

（4）对有随行人员的要客，乘务长要与随员保持联系，了解要客有无新的需求。

4．出港服务礼仪规范

出港服务礼仪规范包括迎宾服务、办理乘机手续、房间服务、送宾服务。

（1）迎宾服务。具体步骤：

① 旅客到达时，迎宾员确认要客姓名及预约情况，及时将要客到达的信息通报信息中心、房间服务员。

② 迎宾员根据信息中心安排，将要客引导至预先安排的房间，交予房间服务员；向要客（或随行人员）收取身份证件确认航班号，并询问是否有托运行李，告知托运行李及随身行李的相关规定；与要客（或随行人员）核实待托运行李的状况（如件数、有无易碎物品等）并将行李贴贴于托运行李上（注明航班号、房间号、要客姓名或单位名）。

③ 迎宾员将办理乘机手续的相关证件全部收齐后交予信息员，由信息员安排人员办理乘机手续。

④ 迎宾员及时返回门厅迎宾。迎宾员随时保持与信息中心的沟通，掌握临时增加要客的安排情况，确保无遗漏。

⑤ 迎宾员及时传递和反馈来自要客的服务要求和临时的业务信息，尽量满足其需求并做好解释工作。

（2）办理乘机手续。具体步骤：

① 办理乘机手续人员须确认办票截止时间，及时、准确地为要客办理乘机手续。

② 办理乘机手续人员与信息员确认要客身份证等相关物品，确保无遗漏。

③ 办理乘机手续人员与迎宾员交接托运行李件数，确认行李标签上的内容与待办手续一致，并与要客（或随行人员）一同前往值机柜台办理登机牌。

④ 办理乘机手续人员办票时，需与值机人员确认航班号与工作单上的航班号是否一致，核对登机牌上的姓名、身份证号与身份证件是否一致，并再次确认航班号。

⑤ 办理乘机手续人员将办理完成的乘机手续清点好后交回信息中心。

（3）房间服务。具体内容：

① 房间服务员在接到迎宾通知后，将房门打开，按规范迎接要客。

② 房间服务员在要客到达并入座后，主动向要客简要介绍提供的服务内

容（如饮料食品、报纸杂志等），礼貌征询要客服务需求后，及时通知操作间准备。

③ 房间服务员提供饮品后，及时通报要客航班信息及办理乘机手续情况。

④ 房间服务员在休息间门外站立等候，每隔 5 分钟返回房间，观察要客的饮用品使用情况，及时为要客续水，清理台面，并随时根据要客的需求提供服务。

⑤ 房间服务员及时向信息中心报告服务人数。

⑥ 房间服务员在安检处办理好登机手续后，将相关手续当面清点好交还给要客（或随行人员）；如需要客签字，应双手呈上，请要客在工作单上签字认可。

（4）送宾服务。具体步骤：

① 接到信息中心航班登机通知后，到信息中心领取《贵宾服务工作单》，并对要客登机牌及工作单上相关信息进行再次确认。

② 待贵宾车到位后，进入房间礼貌地通知要客登机，提醒要客检查随身物品有无遗漏，协助要客顺利通过安检；请要客（或随行人员）核对身份证、登机牌是否齐全；如发现要客有遗失或遗留物品，房间服务员应按规范填写《要客遗失遗留物品登记本》；遗失遗留物品的存放、处理按照机场相关规定执行。

③ 引领要客乘坐贵宾接待用车，告知驾驶员停机位，驾驶员复述后，前往飞机停靠处；服务员再次确认飞机号及停机位。

④ 在引导要客上下贵宾车（或廊桥侧梯）及车辆起步时，服务员应做好语言提示，避免发生意外。

⑤ 在要客登机至舱门口后，将登机牌副联交到检票口，先请乘务员签字并进行服务交接，再请值机人员在《贵宾服务工作单》上签字确认，办理要客交接事宜。

⑥ 若要客借用临时证件乘车返回贵宾服务中心时，需按规定将临时证件和《贵宾服务工作单》交到信息员手中。

⑦ 在要客离开房间后，通知保洁员清扫房间，服务员重新备齐物品，检查卫生、设施设备、物品配备是否符合标准（依据 OK 房房态达标表）；之后锁好房门，做好下一航班的准备工作，完成《OK 房间检查记录》。

5. 进港服务礼仪规范

（1）服务员按信息中心通知做好接机准备工作。

（2）服务员到信息中心拿到《贵宾服务工作单》，再次确认《贵宾服务工作单》上的相关信息，与贵宾接待用车驾驶员确认停机位，待驾驶员复述完毕，双方确认清楚后，开往飞机停机位；服务员每隔 5 分钟与信息中心确认停机位、飞机号，避免临时更改停机位、飞机号。

（3）服务员到舱门口迎接要客，先请乘务员在《贵宾服务工作单》上签字并进行服务交接。若客户有托运行李，征得客户同意后方可在飞机下取行李；接到要客后确认所接要客的身份及人数，避免与普通旅客混淆。

（4）若有使用临时证件的要客，服务员接机后必须将临时证件交还信息中心。

（5）协助要客取托运行李，核对行李票时须核对行李票号后 6 位，确保行李无误。

第二节　民航职业的态度意识

只有拥有优质服务的企业，才是客人愿意用行动去支持的企业。只有让客人满意，企业才有可能实现做大做强的愿望。态度对于民航服务行业来说至关重要，服务态度决定服务质量，而服务质量直接影响着企业的利润。

一、态度概述

（一）态度的含义与特征

1. 态度的含义

态度，是主体对对象的一种具有内在结构的、稳定的心理准备状况的反应。它对人们的反应具有指导性和动力性的影响。态度主要由三个要素构成，即认知要素、情感要素、行为倾向要素。

（1）认知要素

认知要素是态度持有者对对象的了解与评价，包括个人对对象的理解、认识、赞成或反对。

（2）情感要素

情感要素是主体对对象的情绪反应，即对某一类事物喜欢或厌恶的反应。

（3）行为倾向要素

行为倾向要素由认知要素、情感要素所决定，即对态度对象的反应倾向。

2. 态度的特征

（1）社会性

态度，是在社会化过程中，个体在学习、工作、生活中逐步形成的一种意识倾向。它既受环境影响，又影响环境，并在这一过程中得到改造和完善。所以，每个人的态度都具有社会性和政治的、道德的评价意义。

（2）对象性

态度，总是有所指向、针对特定对象的，这个对象可以是具体的人、团体、组织、事件、主体，也可以是现象、状态、思想、观念。总之，没有对象的态度是不存在的。

（3）稳定性

态度，是在长时间的社会生活实践中形成的，与个人的理想、信念、世界观、人生观、价值观有着紧密联系。所以态度一旦形成，就相对稳定持久，并在行为反应上表现出一定的规律性与抗变性。尤其是所形成的具有充分理由依据的态度，更是稳固而不易改变。

（4）内在性

态度，是一种心理结构，是人的心理活动。它虽然包含行为倾向，但毕竟不是行为本身，别人无法直接观察，只能通过言语、行动、表情进行间接的分析与推测。例如，某职工对工作积极、认真、负责，我们不可能直接观察其心理活动，只能从他对工作一贯兢兢业业、踏踏实实的态度来进行观察和推测。

（5）价值性

对态度最具影响力的是人的价值观。价值观，是指人对事物意义的主观评价。人们对事物持什么态度，往往取决于该事物所具有的价值，事物的价值包括实用价值、理论价值、道德价值、社会价值、友情价值等。不同的人对同一事物的态度往往不同，根本原因在于他们的价值观不同。

另外，人之所以对某事物表现出喜欢或嫌弃、赞成或反对、肯定或否定，只是因为态度有过滤器的作用。态度的这种作用正是取决于价值观，与价值观一致的事物，人就容易接受，并作出喜欢、赞成、肯定的表示；否则，就容易排斥，作出嫌弃、反对、否定的表示，甚至出现歪曲反应。例如，对待劳动，有的人认为劳动光荣、伟大，是一切社会财富和个人生活保障的源泉；而有的人却耻于劳动，贪图安逸，只知索取。人们对待劳动的态度如此不同，根源就在于价值观的差别。

3. 态度的功能

态度，对个人而言极为重要。积极正确的态度对个人的行为活动具有激励作用，能够提高行为活动的效率；而消极错误的态度会成为一种挫折因素，致使活动受阻，甚至朝着违背社会要求的方向发展。

（1）态度与社会判断

正确的态度可以帮助人们对社会现象的是非曲直作出准确判断，而不背离社会期望的方向。相反，如果态度不正确，将会阻碍人们对社会是非曲直作出正确判断。如果民航服务人员能够正确地理解服务工作的本质，对服务工作有正确的态度，那么，在工作中他们就会甘愿付出，能够友好、热情、真诚地对待乘客，真正视乘客为"上帝""朋友"。在工作中遇到委屈、障碍时，他们也不会抱怨，而是去克服一切困难，努力完成任务。相反，如果态度不正确，在工作中就可能会出现怠慢、顶撞，甚至为难乘客的情况。

（2）态度与挫折容忍力

个体从事有目的的活动时，在环境中遇到了障碍或干扰，使其无法达到预期的目标，这便是挫折。无论是在生活中还是在工作中，随时都有可能遭遇挫折，只是这些挫折有的是短暂的，有的是长久的，有的是很轻微，有的则比较严重。人们在遭遇挫折时的反应也各不相同。有的人敢于向挫折挑战，百折不挠，勇往直前；有的人却一蹶不振，精神崩溃。这种对挫折的适应能力，即挫折的容忍力，与个体对引起挫折的事物的态度密切相关。例如，一个民航服务人员非常热爱自己的企业，也非常热爱自己的工作，那他对挫折的容忍力就会比较高，在工作中能吃苦耐劳，任劳任怨，绝不会因为一点儿不如意的事情就丧失信心。

（3）态度与团体凝聚力

在团体内部，人与人的相互态度对团体凝聚力有很大的影响。在团体内部，如果人人都能有诚实、热情、友好、谦虚、宽容、互助的态度，大家就能和睦相处，亲密无间，团体凝聚力就强。相反，如果在团体内，人与人之间持虚伪、冷漠、敌视、傲慢、刻薄的态度，团体内就会矛盾丛生，冲突不断，自然不会有凝聚力。团体凝聚力会影响团体士气和团体活动效率。由此可见，要解决团体凝聚力方面的问题，首先关注人的态度问题是必要的。例如，民航乘务组是一个分工明确、互相配合的团体，在工作中既需要各司其职，又需要配合默契，彼此之间应坦诚、热情、无私、友爱，只有这样，才能保证民航服务工作的顺利进行。

（4）态度与工作效率

在人们的想象中，职工的工作态度与工作效率的关系应该是职工从事喜欢的工作则效率高，从事不喜欢的工作则效率低。但是研究发现，情况并非完全如此。即职工满意的工作，效率可能高也可能低；职工不喜欢的工作，效率可能低也可能高。例如，工作虽不是自己感兴趣的，但出于诸如家庭经济困难、想调换工作、上级指令和奖惩管理制度的制约等原因，工作效率没有降低反而提高了。简而言之，态度与工作效率的关系比较复杂。相对来讲，民航服务人员能够始终保持正确的服务态度，有利于实际的工作。

（二）服务态度的含义与特征

1. 服务态度的含义

服务态度，是指服务人员对服务环境中的旅客及服务工作的认知、情感与行为倾向。它是影响民航服务质量的一项重要内容。在服务过程中，服务人员必须充分尊重旅客，主动探求旅客的每一项需求，以真心的微笑和热忱的态度去服务每位旅客。服务人员不仅要注意自己的态度而且还要学会转化旅客的态度，用自己良好且积极的态度去感化旅客，消除双方的偏见和隔阂。这将有助于增进旅客和服务人员双方关系的融洽程度，有利于服务过程的顺利进行，从而使服务质量得到提高。

2. 服务态度的特征

（1）服务态度是在民航业这个特定的环境里产生的，具有浓厚的职业色彩。因此，具有主体（服务人员）和客体（旅客、服务工作）的相对关系。如果失去了客体，服务态度就无法展示和流露。所以，平时我们所说的对旅客的态度、对服务工作的态度，都具有一定指向性，是针对某一客体的具体态度。

（2）服务态度是由认知、情感和行为倾向三部分所构成的一个有机整体。认知、情感和行为倾向这三部分中任何一部分都会对服务态度产生决定性的影响。例如，厌烦本职工作的服务人员，对本职工作就会缺乏正确的认识，在工作中就会表现得懒散和应付，从而形成消沉、冷漠和不耐烦的服务态度。

（3）服务态度是可以改变的。服务态度与人的一般态度不同，上文我们已经论述过人的态度一旦形成之后，就很难改变，并将持续较长一段时间，从而构成人们性格的一部分。而服务态度则是从服务人员投身到服务环境的那一天才开始形成，并经过必要的教育、培训和学习而渐趋明确。同时，服务态度还会受到环境、个人观念等因素的影响而改变。

（4）对服务态度观察、体验和评价产生深刻感受的是客体而不是主体。服务态度虽然是一种心理反应，无法直接观察和测定，但是可以通过旅客的感受和服务人员的工作状态看出服务态度的优劣。因为旅客是服务态度的直接感受者，各种服务态度都是在旅客面前表现出来的，所以，旅客通过服务人员的言行，可以对其服务态度作出"好"或"差"的公正评价。

从服务态度的特点中可以看出，服务态度的好坏直接牵动着旅客的情绪，影响着服务质量的优劣和服务水平的高低。因而，重视服务态度心理功能的研究，对于提高民航服务质量是非常必要的。

二、民航服务态度的标准——提高旅客的满意度

从旅客的角度看，旅客花费比乘坐汽车、火车高出许多的价钱乘飞机出行，目的不外乎三个方面：一是安全，二是快捷省时，三是舒适。可一旦我们的服务不能让旅客达到这样的目的，旅客就会不满。所以，民航服务意识最基本的要求，就包括做好服务工作，解决旅客的实际问题。为旅客服务的目标，是让旅客满意。因此，工作人员应以良好的服务态度为旅客服务，并给他们带来愉悦的体验。

（一）提高旅客满意度对民航企业的意义

旅客满意度反映的是旅客的一种心理状态。它源自旅客对民航公司的某种服务消费所产生的感受与自己的期望所进行的对比。一位旅客对民航公司的态度或许影响不大，但所有旅客对公司态度的总体感觉，却可以决定公司的生存与发展。

1. 旅客的满意度既是公司的出发点又是落脚点

航空公司在提供服务时，目的都在于使其提供的服务得到旅客的认可，并让其乐于接受。这就要求公司了解旅客需要什么样的服务，对服务有什么样的要求。因此，企业只有掌握了这个出发点，才能为旅客提供满意的服务。同时，旅客满意的程度在一定程度上决定了企业盈利的水平，影响着企业发展的思路。按照常规算法，一家企业若保住5%的稳定旅客，那么该企业的利润至少会增加25%。因此，企业的落脚点也应在于使旅客满意，只有掌握了"旅客满意"这个原动力，企业才能得到长足的发展。

2. 旅客的满意度使企业获得更高的长期盈利能力

在采取各种措施令旅客满意的同时，企业也获得了许多具有竞争力的、

助力形成企业长期盈利的优势。

（1）减少企业的浪费

在企业保证旅客满意度的过程中，企业会越来越了解旅客，因此常常会准确地预测到旅客的需求和愿望。这样一来，企业就不用花更多的时间和精力去做市场研究了，在很大程度上减少了企业的浪费，压缩了运营成本。

（2）价格优势

满意的旅客往往愿意为了自己满意的理由而额外付出。联邦快递凭借其昼夜不间断的服务，使得它的价格即使比竞争者高，也能为顾客所接受。当然，旅客的额外付出并不是无限度的，旅客可接受的额外付出的限度往往取决于多种因素，如竞争对手的服务与价格、旅客的价格敏感度、购买类型和公司所处地位等。

（3）更高的旅客回头率

满意的旅客比不满意的旅客有更高的品牌忠诚度，再次选择本公司服务的可能性更高，这将使企业得到更多的营业收入，最终获得更多的利润。

（4）降低营销成本

满意的旅客乐于将自己的感受告诉旁人，诸如朋友、亲戚，甚至其他旅客。研究表明，这种口头宣传的广告作用最大，比其他营销方式更加有效，并且几乎不需要花费成本。

3. 旅客的满意度使企业在竞争中得到更好的保护

满意的旅客不仅会对民航企业表现出忠诚，还能将这种忠诚长久地保持下去，即使在企业出现困难时，这些旅客也会在一定程度上对企业保持忠诚。这给企业提供了应对困难的时间，能够最大限度地降低对企业产生的不良影响。满意的旅客不会很快转向其他低价格航空公司。正如满意的旅客愿意额外付出一样，他们同样不大可能仅仅由于价格低的诱惑而转向其他公司。不过，当价格相差很大时，旅客对高价格公司的忠诚度会降低，很可能转而选择其他公司的服务。

4. 旅客的满意度使企业足以应付旅客需求的变化

旅客的需求会随着时代的发展而不断变化，如何及时发现旅客需求的变化，进而不断满足旅客的新需求，是企业在发展中应特别关注的问题。实现旅客满意程度最大化对解决这一问题具有现实意义。因为，以令旅客满意为目的的企业，平时所做的工作能够预测到旅客需求的变化，而且满意的旅客一般也会给企业完善服务留出一定的时间。例如，瑞士航空公司一直以来都具有较高的旅客满意度，但在适应旅客的新需求方面，如介绍售票的分机情况、制订常客计划、加大头等舱座位数量等方面都落后于竞争对手，但旅客仍选择乘坐它的航班，同时在这些方面提供了大量的反馈信息。因此，持续提高旅客满意度已经成为企业取得成功的关键因素。

（二）提高旅客满意度是民航服务工作的必然要求

提高旅客满意度，为民航服务工作指明了方向，它也是民航服务工作的必然要求。

1. 提高旅客满意度是民航旅客服务工作的宗旨

把提高旅客满意度作为民航旅客服务工作的宗旨，是指把提高旅客满意度作为服务工作的主要目的和意义。很多企业提出"旅客第一，旅客至上""旅客是上帝""安全第一，旅客至上，优质服务，树立信誉"等宗旨。然而，"旅客至上"是指什么？怎样对待"上帝"，怎样使"上帝"感到满意？对此，一些服务人员却理解不深。他们简单地认为"旅客至上"就是为旅客服务，如果再追问一下，怎样为旅客服务？怎样才能使旅客感到满意？便有点不知所措。我们认为，"旅客至上"和"为旅客服务"，就是要求服务人员把提高旅客满意度作为服务工作的具体目标，把提高旅客满意度作为服务工作的宗旨。只有这样，才能做好服务工作。

2. 提高旅客满意度是衡量服务质量的试金石

在服务实践当中，我们常常可以感受到，什么时候我们的服务工作才能做到点子上，即满足了旅客的需要，旅客就会满意，就会感到高兴。例如，某位旅客遇到困难，需要我们帮助解决时，我们热情地帮助他，旅客脸上就会露出笑容，并一再表示感谢，称赞我们的服务好。旅客之所以这样，从理论层面上讲，是因为我们的服务工作做到了点子上，满足了旅客需要。反之，如果某一旅客因有急事需要一张机票，服务人员却对此不理不睬，不热心帮助旅客解决困难，那么旅客一定会感到不高兴，认为我们服务质量差。其原因也是我们没有满足旅客的需求。因此，我们要求全体民航服务人员必须明确，旅客的需求与满意是服务工作的具体目标，并且把它作为检验服务质量的标准。只有这样，才能做好服务工作，保证服务质量。

3. 提高旅客满意度是服务人员的工作灵魂

民航旅客服务工作，需要服务人员具体来落实完成。每位服务人员的服务意识，对服务宗旨的认识程度，是做好服务工作的关键。作为民航旅客服务人员，无论他（她）是在飞机上，还是在售票处、值机处或餐厅宾馆等地工作，必须具备工作灵魂，即明确自己的工作职责，就是要最大限度地满足旅客的需要，让旅客感到满意。例如，武汉机场的一位值机员，在办理完某旅客去南京的手续后，一位外宾急急忙忙跑到她的柜台前，要求值机员为他办理一张去上海的机票，他有急事要离境（因候补票窗口无外文服务）。按照规定，这位值机员完全可以一推了之，请他到候补窗口去办理。但她并没有这样做，而是帮助这位外宾查了去上海航班的座位情况，发现这次航班的 127 个座位全部客满，连机组预留的一个座位也让给了急于去上海采访的记者。一般在这种情况下，这位值机员可以对旅客说："对不起，先生，确实没有去上海的机票了，请您乘坐明天的航班去上海吧。"但这位具有高度责任心和强烈服务意识的值机员，并没有这样简单处理此事，而是再次详细查看该航班的乘客情况，发现一位女士带着一岁的孩子去上海，这个孩子有一个座位，于是，便急忙与这位女士取得联系，询问对方是否可以帮忙让出一个位子。得到这位女士同意后，她又急忙陪着这位外宾到候补窗口去补票。当外宾最终拿到机票时，心情十分激动。他使劲地握着值机员的手，连声道谢说："这次中国之行很开心，中国人特别热情，使我终生难忘，中国人太好了，太好了……"可见，这位外宾之所以感动，正是因为值机人员具有强烈的服务意识，把满足旅客的需要，提高旅客满意度作为自己的工作灵魂。

4. 提高旅客满意度是民航各部门服务质量的生命线

民航旅客在评价民航服务质量时，主要看在服务过程中，服务人员是否能够满足旅客不同层次的需要。可以说，提高旅客满意度是服务质量的生命线。民航旅客在不同的时间、空间有不同的需求。旅客在售票处时想买到自己所需要的航班机票，其他需求都依次排在这一需求的后面。如果这一需求不能得到满足，可能会在一定程度上降低其对民航服务的好感度。又如，客舱乘务员在空中服务时态度不好，或乘务员的讲话方式、用词、语调等欠佳时，往往会引起矛盾或发生争吵。旅客在乘机过程中的需求是感觉到安全、舒适。因此，乘务人员必须把满足旅客安全与舒适的需要作为自己工作的重点。切不可认为旅客能乘上飞机就已经达到了乘飞机出行的目的，不应该再有过高的要求了。

另外，由于民航运输受到众多因素的影响，会出现各种各样的情况。例如，天气原因导致航班取消，机械故障致使航班不正常等。当这些情况出现时，会给旅客带来许多不便。为此，旅客也会产生各种新需求。例如，当旅客们已经登机后，广播员广播本次航班延误时，有的旅客要求打长途电话，有的旅客要打开手机，有的旅客需要走出机舱，有的旅客要求换航班，有的旅客要下飞机买东西吃，等等。对于旅客这些新需求，乘务员要有心理准备，切不可认为旅客是无理取闹，更不能认为一旦满足旅客需求后，旅客会得寸进尺，因而采取消极态度。面对旅客不同层次的需要，作为一名服务人员应该把提高旅客的满意度视为自己服务质量的生命线，要意识到如果旅客对自己的服务不满意，那么服务质量也就无从谈起。因此，服务人员一定要针对旅客不同层次的需要，采取积极主动的态度，千方百计地满足旅客的需要，使旅客感到满意。

三、民航服务的态度要求

民航服务质量优劣与服务人员素质的高低紧密相关。一个合格的民航服务人员应该具备良好的综合素质，即要有正确的服务意识、过硬的服务能力和良好的服务态度。在服务过程中，服务人员不仅要做到"眼到""手到""程序到"，而且还要做到"心到""情到""神到"，用温暖和真情使旅客满意在旅途，温馨在客舱，开心在眉头，舒心在心头。

（一）要树立正确的服务意识

作为一个企业，特别是民航这样的服务行业的企业，必须将服务意识作为对服务人员的基本素质要求。每一个服务人员必须树立起正确的服务意识。如果说服务意识是飞机机身，那么服务技能和服务技巧则是飞机的两个机翼，服务技能和技巧在正确的服务意识的基础上才能发挥有效作用。有了服务意识，才可以及时避免或合理控制危机。如果没有服务意识，即使具备一千种技巧，还会有第一千零一种情况成为危机爆发之源。只有"服务意识＋服务技能＋服务技巧"有机结合的民航服务，才能实现真正意义上的旅客满意和民航和谐。

1. 正确理解服务意识

服务意识是指企业全体服务人员在与企业利益相关的人或企业的交往中，所体现的热情、周到、主动服务的意愿和意识。即自觉主动做好服务工作的一种观念和愿望。

服务意识是发自服务人员内心的，是服务人员的一种本能和习惯，是可以通过培养、教育、训练形成的。

2. 树立正确的服务意识

积极、主动、用心地为旅客服务，为自己的未来服务，这是服务人员应具备的服务意识。这一服务意识要求：不管旅客让自己做什么，只要旅客的要求和行为不违反法律、不违背社会公共道德、不涉及飞行安全，都必须表现出"服从"。乐于被旅客"使唤"，并照办不误，这就是民航服务中最正确的服务意识。

"服从"，是服务人员的天职，所谓"有理是训练，无理是磨炼"，在面对旅客的无理要求时都能接纳应对，在面对旅客的合理需求时又怎么会不服从呢？

（1）准确的角色定位——永远不可能与旅客"平等"

为了提高服务水平，服务人员应当提高自己的角色认知能力。角色认知，指的是某个人在某个场合中的身份。角色定位，指的是一个人必须准确地定好自己在工作过程中需要扮演的角色。角色认知，是指每个服务人员在服务这个大舞台上都在充当一定的角色，服务人员是什么角色就"唱什么调"，绝不能"反串"别的角色。然后，根据社会对自己所扮演的角色的"常规要求""限制"和"看法"，对自己的行为进行适当的自我约束。

经常听到有些空乘和地勤人员抱怨："现在的旅客素质越来越差""服务这碗饭真不好吃""凭什么我要受旅客的气"。

这些抱怨的服务人员最根本的问题，就在于没有明确自己的角色定位，他们认为旅客和自己同属人类，平等是无可厚非的道理。实际上，在对旅客服务的时候，服务的提供者永远不可能与旅客达到"平等"状态。这样的不平等被服务大师定义为"合理的"不平等。因为旅客是付钱的消费者，而我们是收钱的服务者。旅客支付费用购买我们的产品，而这产品包括两个方面的内容：一是实物产品——航空器上某一座位在某一时间的使用权；二是无形的产品——服务，旅客购买服务的目的是要实现安全、舒心的旅行。

在民航服务中，服务人员应该这样理解平等：第一，对所有旅客一视同仁、同等对待；第二，所有旅客购票、订座、乘机的机会均等；第三，只要条件允许，就应满足所有旅客的最基本的需要；第四，旅客支付费用、享受服务带来的满足感，服务人员付出服务的努力，挣得自己的工资报酬。

（2）正确的服从理念——"旅客永远是对的"

"旅客永远是对的"这句话并不是对客观存在的事实作出的判断。它只是对服务人员为旅客服务提出的一种要求、一个口号，是民航业对服务所秉持的一种精神，意思是要把"对"让给旅客，把"面子"留给旅客，但这并不意味着旅客在事实上都是对的。

具体体现在以下四个方面。

第一，要充分理解旅客的需求。倘若旅客提出超越民航服务常规范围，但又是正当合理的需求，这并不是旅客的过分行为，而是我们服务产品的不足，所以我们应该尽量将其作为特殊服务予以满足。如果确实难以满足，必须向旅客表示歉意，争取获得旅客的谅解。

第二，要充分理解旅客的想法和心态。当旅客因在工作或生活中遭遇挫折而迁怒于民航时，或出于身体、情绪等原因而大发雷霆，进而提出出格的要求，服务人员应该予以理解，并以更优的服务去感化旅客。

第三，要充分理解旅客的误会。由于文化、知识、经历等差异，旅客对民航的规则或服务不甚理解而提出种种意见，或拒绝合作，服务人员必须向旅客作出真诚的解释，并力求给出令旅客满意的答复。

第四，要充分理解旅客的过错。出于种种原因，有些旅客有意找碴，或强词夺理，服务人员必须秉承"旅客总是对的"的原则，把"理"让给旅客，给旅客留足"面子"。

"旅客永远是对的"不仅仅彰显了"服从"的服务意识，更是把"面子"留给了旅客，而有了"面子"的旅客，往往会回报民航服务更大的"面子"——助力民航服务形象的提升。

（3）提倡的服务行为——"没有任何借口"

任何借口都是在推卸责任。在责任和借口之间，是承担责任还是寻找借口，体现了一个人的工作态度和服务意识。在民航服务的某些方面已经形成了这样一种局面：每个人都努力寻找借口来掩盖自己的过失，推卸自己本应承担的责任。这样的局面让旅客对服务人员很不满意。这也是许多矛盾冲突的根源。

在服务出现问题的时候，有些服务人员会找出一些冠冕堂皇的借口，以取得旅客的理解和原谅，从而把自己的过失掩盖掉，心理上得到暂时的平衡。但长此以往，因为有各种各样的借口可找，自己就会疏于努力，不再想方设法去争取为旅客提供最好、最满意的服务，而是把大量时间和精力放在寻找合适的借口上。

"没有任何借口"，是美国西点军校奉行的最重要的行为准则，也是西点军校传授给每一位新生的第一个理念。它强调的是每一位学员都应想尽办法去完成任何一项任务，而不是为没有完成任务去寻找借口，哪怕看似合理的借口。

"没有任何借口"，是无数商界精英秉承的理念和价值观。它体现的是一种完美的执行能力，一种服从、诚实的态度，一种负责、敬业的精神。

正确的服务意识、强烈的服从观念，就是要求服务人员切实把服务当成心爱的事业，把旅客当成心爱的人，秉持细心、精心、留心的态度，为旅客提供感到舒心、满意的服务；投入真情，为旅客提供可以赢得旅客忠诚，最后达到价值双赢局面的服务；用心，用脑，用艺术和智慧，为旅客提供有利于塑造良好企业形象的高标准、高质量的服务。

（二）要练就过硬的服务能力

能力是直接影响服务人员的服务效率和效果的重要心理特征，也是影响企业服务水平的主要因素。随着当代民航业的蓬勃发展，航空公司之间的竞争日趋激烈，这就对服务人员的能力提出了更高的要求。从民航的发展趋势来看，在今后的服务过程中，脑力劳动的占比将逐步增大，要求服务人员不仅要能使用传统的工具，还要会操作、保养现代化的服务设备；不仅要熟知一般性的知识、理论，还要通晓服务工作不可或缺的自然科学和社会科学知识。总而言之，民航的未来正在呼唤着全面发展的服务人员。这就对服务人员现有的、仅适合旧有客户需要的服务方式的能力结构提出了新的挑战。因此，每一名服务人员都必须重视自己能力的提高。从服务心理学的角度来看，服务人员除了要不断培养从事一般活动的基本能力外，还要练就符合现代民航发展要求的特殊能力。

1. 应具有较敏锐的观察能力

服务人员最令人佩服的本领，就是能一语道破旅客最感兴趣的某种需求。而达到这一效果的前提，就是服务人员要有较敏锐的观察能力。它可以帮助服务人员透过外部表现去了解旅客心理活动的奥秘。在日常工作中，观察能力较强的服务人员能够通过对旅客眼神、表情、言谈、举止的观察，发现旅客有某些很不明显却比较特殊的心理动机，进而运用各种服务心理策略和灵活的方法来满足旅客的需要。

服务人员的能力水平主要取决于他们的知识水平和工作经验。此外，服务人员的观察能力还受到下列服务心理因素的影响：第一，对服务工作的兴趣。对本职工作的热心程度可以在很大程度上影响服务人员的观察能力。例如，同是做乘务工作的服务人员，态度热情者能注意到旅客的神情变化，会细心琢磨可能出现的各种情况，以便相应地做好服务工作；态度消极的服务人员，可能仅仅会看到旅客的服饰、相貌，却注意不到许多其他细节问题，所以服务效果不佳。第二，注意力的稳定程度。在工作中精神不集中，"身在曹营心在汉"，或者注意力转移过快，对什么事都感到新鲜，这样的服务人员就会因心不在焉而对服务对象视而不见，进而在服务过程中非常容易出错。第三，服务人员的心境。即当时服务人员的情绪倾向于高兴还是烦恼。心情舒畅有利于各种身体器官发挥作用，能使人细心关注、认真思索、正确判断。反之，心乱如麻是不会有好的观察效果的。根据上述情况，服务人员在培养自己的观察能力时，就要不断排除各种消极因素的干扰，强化自己的感知系统，只有这样，才能练出敏锐的观察能力。

2. 练就过硬的记忆能力

记忆是智慧的宝库。其中储存着各种知识、技能与技巧。记忆过程一般由识记、保持、再认、重现等环节构成。由于记忆的各个环节在每个人身上的表现是有一定差异的，所以，每个人的记忆都有自己的特点。我们常说某人记忆好，指的是他记得快，忘得慢，回忆起来迅速。而称某人记忆差，则是说他记得慢，忘得快，回忆起来很吃力。

良好的记忆能力对于做好民航服务工作也是十分重要的。它能帮助服务人员及时回想起在具体工作环境下所需要的一切知识和技能。记忆能力强的服务人员不但能准确掌握各种业务知识，还能熟知与民航工作有关的其他各类知识。这些知识是服务人员做好服务工作的智力基础，也是"百问不厌"的心理支柱。此外，善于记住旅客姓名及其称呼（职务），当再次相遇时能快速准确地称呼对方，无疑会给旅客以亲切感，缩短彼此之间的距离。

那么，怎样强化自己的记忆能力呢？第一，要明确记忆目标，这样就会使大脑处于高度活跃状态，方向明确，容易接受外部信息，记得清、存得久。第二，要精力集中，力求理解。学习知识不在于阅读的遍数多，而在于每次阅读的效果，要做"有心人"。第三，要反复运用，加强记忆。第四，要讲究科学的记忆方法，方法对头，才能记得清晰、牢固。

3. 应具有稳定而灵活的注意力

服务人员的注意力，是在其注意的基础上形成的一种专心致志的心理现象。它是指人集中在一定事物上，通常所说的"全神贯注""侧耳倾听""冥思苦想""凝神专注"，都是人们在从事某一活动时特有的注意状态。引起人们注意力集中的原因，有时是事物本身的特点，例如，新颖奇特、对比鲜明等。但更重要的是人的主观因素，例如，对当前任务的关心程度、当时的精神状态等。

根据民航工作的特点，职业心理对服务人员注意力的要求是，在服务岗位上，注意力应相对集中、稳定，并且能够适时灵活转移，克服过分集中与分散的弱点。具体说来，在工作过程中，服务人员的精力应集中到服务对象上，对于影响精力集中的各种不利因素要有较强的"抗干扰"能力。服务人员在服务环境中，注意力既能相对集中于一点，又能同时顾及一片，这既是一种服务艺术，又是服务员的一项基本功。如果服务人员在服务岗位上控制不住自己的注意力，就会出现要么注意力过分集中，使得同时应酬多位旅客的能力和工作效率降低，使其他旅客感到不满；要么注意力过度分散，致使在服务过程中漫不经心、答非所问。这都是不尊重旅客的表现。

总之，服务人员在培养自身稳定而又灵活的注意力时，要做到以下三点：第一，要有强烈的事业心和责任感。这样才能把最关心的问题摆到注意的中心位置上来。第二，要有坚强的意志。缺乏坚强意志的服务人员，在工作中会有心猿意马的毛病，只有在坚强意志的支配下，才会养成因时、因地、因事的改变而灵活分配自身注意力的良好习惯。第三，要有敏捷的思维能力。这是掌控自己的注意力、增强应变能力、提高服务效率的基础。

4. 要有处理突发事件的能力

飞机是一种较为特殊的交通运输工具，与陆地、海洋上的交通工具不同。飞机在空中飞行时，一旦出现意外情况，危险性很大。可以说，服务人员处理突发事件的能力，直接关系到旅客的生命安全以及国家的财产安全。因此，需要服务人员具有非常灵敏的反应能力，并且能够沉着、妥善、周全地处理好突发事件。

服务人员处理突发事件的能力，不仅是满足旅客安全的需要，还是保护自己、保护国家财产的需要。这就要求服务人员通过各种途径来训练和培养自己这方面的能力，以适应乘务工作，把乘务工作做好。

综上所述，服务人员的能力是由多方面的心理特征构成的。它在实际工作中的体现也是各种主观、客观因素相互渗透、交叉作用的结果。因此，服务人员应具有的能力和素质，就不应是各种个性特征的简单叠加，而是相互制约的多元化的能力。所以，在服务人员能力的培养和训练过程中，切不可只顾及一点，不及其余，而应根据实际需要与可能，从服务工作的特点出发，逐步培养出符合现代化要求的、有助于不断提高民航服务水平的各种能力。

（三）要保持良好的服务态度

1. 主动

主动，是指人自身所发挥的主观能动作用。服务人员应以主人翁的态度积极主动地做好本职工作，全心全意为旅客提供服务。立足于主动服务，才能做到心中有数，应付自如，进而达到旅客满意的预期效果。为此，要求服务人员做到以下四点。

（1）上班前做好各项准备工作，将当天的工作做好筹划，按事情的轻重缓急妥善安排。

（2）头脑冷静，处事沉着，行动敏捷，做到"眼勤、口勤、手勤、脚勤"，全力满足旅客的各种要求。

（3）积极开动脑筋，善于发现并及时解决问题，一旦发现旅客遭遇困难或提出要求，不管分内分外之事，都要尽可能主动给予帮助解决。

（4）虚心征求旅客的意见，不断总结经验，研究改进接待服务工作的方法，提高工作效率和服务质量。

2. 热情

热情，是指对待工作以及旅客所怀有的真挚的感情。服务人员要像对待亲人一样，以诚恳和蔼的态度、运用亲切体贴的言语、发扬助人为乐的精神，扎实做好对民航旅客的服务工作。如果服务人员态度冷漠、言语生硬、工作马虎、举止粗鲁，必然会引起旅客的反感和不满。这不仅是个人未能尽责的问题，还会影响民航的声誉，甚至会使祖国的声誉受到损害。因此，每位服务员都应该做到以下三点。

（1）要保持仪容的整洁、端庄、大方和态度的诚恳、和蔼，在外观上给旅客留下良好印象。

（2）要礼貌待人。需明确礼貌绝不是古板，也不是形式主义。尊重他人是热情待人的基础，在与旅客接触时要精神饱满、仪态自然、话语诚恳、言辞简洁而清晰。

（3）要全面照顾、一视同仁、热情招待。对生客和熟客应给予同样对待，不要厚此薄彼。不要以衣着取人。对老弱病残旅客，应尽可能给予关怀照顾，对一些傲慢的旅客应予以谅解，保持热情接待，不要"以冷对冷"。做老年、病人旅客的贴心亲人和"医生"；做小旅客的朋友和大姐姐；做头等、公务舱旅客的临时秘书；做旅游团和第一次乘机旅客的导游和讲解员。

总之，我们应该尽可能地发挥自己的才华，用智商和情商，让旅客感受我们的客舱文化，用不同的角色定位旅客所需要的服务。例如，在登机时，看到一位抱小孩的旅客，我们应该立即上前主动帮旅客提拿行李和指引，以方便该旅客及其后的旅客能够及时入座；在看到年老的旅客试图把物品放入行李舱时，我们应立即接过来，微笑并协助其将行李放进李舱内；在飞机遇到航管管制或出现延误情况时，我们应迅速地向眉头紧锁的旅客送上一个满含歉意的微笑，以期获得对方的谅解……因为这些发自内心的微笑，能真正让旅客感受到我们是真诚的、值得信赖的。

3. 耐心

耐心，是指不急不躁、不厌烦、能忍耐。服务人员要有较高的品德修养，善于控制自己的情绪、约束自己的言行，不意气用事，不说粗暴无礼的话，不做无理的举动，具体要做到以下三点。

（1）从工作实践中不断培养、锻炼自我，不断提高自身的品德修养，经常注意保持平静的心态，特别是在工作繁忙时更要沉着应对，防止出现急躁的情绪。

（2）要杜绝满不在乎、不耐烦和傲慢的表现，对待挑剔的旅客，也不能板起面孔，摆出一副冷漠的神情。

（3）当发生误会和争执时，要平心静气，冷静理智地展开说服解释工作，妥善合理地解决矛盾。要虚心听取并接受他人意见，勇于承担责任，积极改进工作。遇到旅客态度粗暴、语言生硬或违反制度等情况时，仍应以礼相待，以理劝告、制止，切不可用粗暴言行对待。

在客舱服务中，我们会遇到各种各样的问题，乘机旅客可能会需要各种各样的特殊服务。尤其是由于天气等原因造成航班延误时，旅客极易产生急躁情绪，感情冲动，作出一些出格的事情。这时需要乘务员具有良好的涵养，充分理解对方的心情，以豁达、大度的态度面对旅客的一时冲动，学会换位思考，秉持宽以待人、严于律己的行为准则。

4. 周到

周到，是指把工作做得细致入微，面面俱到，也就是把整个服务工作做得完整、彻底。为此，应做到以下几点。

（1）态度诚恳，处处替旅客着想，了解旅客的需要，揣摩旅客的心理，工作认真，办事周详，使旅客处处感到很便捷。

（2）对旅客提出的问题，要尽可能给予详细解答，如果自己不懂，应转问他人，不能随意应付。

（3）应熟悉民航和本公司内部各项规章制度和有关业务知识，以便更好地为旅客服务。

第三节　民航职业的客我交往意识

一、影响客我交往的因素

在民航服务中，影响服务人员与旅客交往的因素很多，既有主观方面的因素，也有客观方面的因素，了解这些影响因素，对于做好民航服务、处理好与旅客之间的关系是非常必要的。

（一）影响人际吸引的因素

人际吸引，是指客我交往过程中，彼此相互欣赏、接纳的亲密倾向。它是人类的基本心理因素之一，是形成良好人际关系的重要基础。美国心理学家奥尔波特通过研究发现，人际吸引是受很多因素影响而形成的一种动力。这些影响因素包括个体内在的涵养、礼貌，外在的身高、相貌、服饰、行为，以及社会地位、职业等。归纳起来，影响人际吸引的因素主要有以下几五方面。

1. 接近且接纳

人与人之间在活动空间内彼此接近，有助于人际关系的建立。这是一种最自然的现象。这种因为空间上的接近而影响人际吸引的现象称为接近性。美国心理学家费斯汀格等人，曾以麻省理工学院已婚学生眷属宿舍的居民为对象，研究他们之间邻居友谊与空间远近的关系。该宿舍共 17 栋两层楼房，每栋上下两层，每层 5 户，共计 170 户。这些研究对象在新学年开始搬入宿舍时，彼此互不相识。过一段时间之后，研究者调查每户列举出在宿舍中新交的 3 位朋友。结果发现，他们所结交的新朋友，几乎离不开 4 个接近性的特征：一是他们的近邻；二是他们同层楼的人；三是他们信箱靠近的人；四是走同一个楼梯的人。由此看来，接近是友谊形成的一个重要因素。

当然，人与人空间上彼此接近，未必一定会彼此吸引，在接近的条件下，要想进一步与旅客建立良好的人际关系，彼此互相接纳，无疑是另一个重要因素。所谓接纳，是指接纳旅客的态度与意见，接纳旅客的观念与思想。只有在接近的基础上彼此接纳，才会有助于彼此之间的交往。

2.相似因素

交往双方的相似之处越多，就越容易建立起关系。共同的态度、信仰，兴趣爱好，语言、种族、国籍，文化、宗教背景，教育水平、年龄，职业、社会阶层，都会在不同程度上增加人们之间的相互吸引。越是相似，就越容易互相吸引，就越感觉亲密，尤其是认知态度相似、价值观一致者之间，最具有吸引力。因此，在交往过程中，民航服务人员要善于发现与旅客的相似之处，从而增进交往关系。

3.互惠互利

根据人际交互论的说法，人与人之间的交往是向着增加酬赏、减少代价的方向发展的，因为这种互惠行为既有功利的、经济的和现实的作用，也有精神的、心理的和超现实的意义。所以，在人际交往中，每个人都难免有酬赏和代价的比较水准。一般来说，功利的互惠较为现实，但不能长久；而心理的互惠较能满足人的基本需求，能够持续长久。因此，如能把感激的心情准确传达给对方，对方也将会感觉到被尊重和重视，从而产生愉悦的情绪，并更愿意配合服务工作。

4.人格吸引

服务人员的善良、正直、责任感、沟通能力等人格品质，可以对客我交往关系的建立与维持产生持久的影响。所以，服务人员增强自己的人格魅力是促进形成良好客我交往的重要因素。

个性品质与客我交往关系重大。具有热情、开朗、真诚、宽容等性格特征的服务人员容易被旅客接受，而冷漠、封闭、虚伪、自卑的则容易被旅客疏远。服务人员要想赢得旅客，与旅客保持良好的交往，真诚是必不可少的。热情、开朗是打开良好客我关系大门的钥匙，在客我交往中，性格内向、沉默寡言的服务人员，很难与旅客建立起密切的关系。同样，客我交往也需要宽容的品格，服务人员应做到虚怀若谷，包容旅客的不同意见，对旅客谦恭有礼，才能受到旅客的欢迎。

5. 外貌吸引

在客我交往中，第一印象十分重要，而外貌又是形成和影响第一印象的关键"窗口"。人的外貌可以引起"晕轮效应"，尤其在初次交往时更是如此。外貌会对客我交往产生影响，人人都希望拥有良好的外貌，可是长相是天生的，身高、肤色、面貌，几乎很难改变，那么，在交往中如何增强外貌吸引呢？虽然相貌难以改变，但是，人的精神风貌、仪表、风度是可以由自己塑造的。民航服务人员要想增进人际吸引力，就应该进行合适的"印象修饰"。从自己的服饰穿搭、举止、面部表情、精神状态等方面着手，作出适合于自身的角色和当时情境需要的行为，产生令人愿意"接近""接受"的吸引力。

（二）客我交往的心理效应

每一名民航服务人员都希望能在与旅客交往的过程中展示出自己最好的一面，给旅客留下良好的印象，我们希望在与旅客的交往中正确地认识、了解他们。为此，民航服务人员非常有必要了解客我交往过程中的各种心理效应，把握好自己的言行、态度、情绪，从而与旅客和谐相处。

1. 第一印象

民航服务人员给旅客留下的第一印象，往往会在很大程度上影响旅客对服务人员的整体评价与看法。第一印象一旦形成，就不容易再改变。这种印象会一直影响着以后的交往过程，即使后来的印象与第一印象之间有差距，旅客仍然倾向于服从最初的印象。

第一印象的重要作用提示我们，如果想让旅客形成对服务人员及航空公司的好印象，就一定要注意与旅客初次交往过程中的表现，服务人员的仪表、姿态、表情、服装、谈吐、态度，乃至航空公司的设施、机场的环境等，都会影响旅客的最初印象与评价。

2. 晕轮效应

晕轮效应是一把"双刃剑"。如果服务人员好的品质先被旅客认知，所形成的"晕轮"会遮掩服务人员的某些失误，同时也使服务人员有机会对自己的失误加以弥补。如果不良品质先被旅客认知，其所形成的"晕轮"则会遮掩服务人员的优点，而"放大"其微小的失误。

3. 否定后肯定效应

客我交往中，有一种"否定后肯定效应"，即如果人们先对某人作出否定的评价，而后来的事实证明这种评价是错误的，那么，人们会对此人作出更高的评价。也就是说，如果没有原先的否定，人们可能还不至于对此人作出如此高的评价。

产生"否定后肯定效应"的条件是：先有一件事，使人们对某人作出了否定的评价，后来又发生了一件事，使人们认为应该改变对此人的评价。

知道了"否定后肯定效应"，我们是不是可以故意先犯一点错误，让别人先对自己作出很低的评价，以便在以后获得更高的评价呢？当然不可以这样做。但是，知道了"否定后肯定效应"后，当我们由于某种原因而出现失误，使别人对我们作出较低的评价时，我们就不会轻易变得心灰意冷、一蹶不振了，而是会想方设法弥补过失，挽回不良影响，重新赢得旅客的满意。

4. 角色扮演

在民航服务中，旅客与服务人员之间的交往，主要是以一种特定的社会角色所构建的人际关系及人际交往展开。

在心理学中，角色是指个体在社会环境或特定情景中被期望的行为模式。角色有四个要点：第一，充当某种角色，也就意味着在社会生活中处于某种地位。例如，张三担任空中服务人员的角色，就意味着他在民航服务交往中处于服务人员的地位，而有朝一日张三以旅客的角色乘坐飞机，就意味着他在民航服务交往中处于客人的地位。第二，角色对应着特定的职能与权利。例如，航空公司经理，有经理的职能和权利；服务人员，则有服务人员的职能和权利。第三，每一种角色都有其规范的行为模式，亦即人们通常所说的，经理要有经理的样子，空姐要有空姐的样子。"样子"就是角色所应遵循的规范的行为模式。第四，一个人一旦充当了某种角色，人们就会按照该角色的标准和要求行事，对其寄予相应的期望。

人与人应该是平等的，但这并不意味着当人们扮演着不同的社会角色进行交往时，总是可以"平起平坐"的。从心理学的角度来看，人与人之间的"平等"是由人与人之间的"互相尊重"来体现的，而不是由不分场合的"平起平坐"来体现的。

在一些酒店服务人员中流传着这样一个顺口溜："客人坐着你站着，客人吃着你看着，客人玩着你干着！"不管他们在说这个顺口溜的时候带着什么样的"情绪色彩"，都必须承认这个顺口溜反映了一个客观事实："服务人员"和"客人"这两种不同的社会角色通常是不能"平起平坐"的。

请注意，我们说的是服务人员和客人这两种"角色"通常不能"平起平坐",而不是说扮演这两种角色的"人"有"高低贵贱"之分。

对于服务人员来说,"客人坐着你站着,客人吃着你看着,客人玩着你干着",这并没有什么不合理。因为,服务人员是在扮演他们自己所承担的"角色"。假如有人认为这是人与人之间的不平等,偏要把它改成"客人坐着你坐着,客人吃着你吃着,客人玩着你玩着",请想一想,那会导致什么样的后果?因此,民航服务人员对自己的角色应有正确的认识。

(三)客我交往的心理障碍

在民航服务人员与旅客的交往中,有些服务人员由于对客我交往的本质缺乏正确的认识,对待服务工作缺乏正确的态度,以致在客我交往中常表现出一些心理障碍,进而妨碍了服务工作的顺利进行。

1. 自我中心

有些服务人员在工作中完全从自己的角度考虑问题,只关心自己的利益和兴趣,忽视旅客的利益和处境。在客我交往中,这种以自我为中心的心理通常表现为目中无人,喜欢装腔作势、盛气凌人、自私自利。不高兴时会不分场合地乱发脾气,高兴时则与身边的同事海阔天空、手舞足蹈讲个痛快,全然不考虑旅客的情绪和态度。这样必然会导致客我交往出现问题。

2. 羞怯

羞怯心理是很多人都会有的一种心理。具有这种心理的人,往往在工作中害怕讲话或见人,由于过分的焦虑和不必要的担心,在言语上支支吾吾,行动上手足无措。这样显然不利于同旅客的正常交往。

3. 孤僻

孤僻的人不喜欢与人交往,惯于孤芳自赏,自命清高。克服孤僻的关键在于打破心理障碍,敞开心扉,用坦荡、真挚的情感去赢得旅客的理解和友谊。

4. 干涉

有的服务人员在与旅客交往中喜欢询问、打听、传播旅客的私事。这种人热衷探听旅客的情况,并不一定有什么实际的目的,不过是一种以刺探旅客隐私而沾沾自喜的低层次心理满足而已。

5. 讨好

个别服务人员往往出于功利性目的讨好旅客,对旅客阿谀奉承,曲意逢迎。这种行为会引起旅客的反感，使正常的交往难以进行。

二、客我交往的技能技巧

民航服务人员要想与旅客保持良好的客我交往关系，既需要具备健全的人格、正确的认知以及正常的情绪反应，也需要掌握相应的交往技能与技巧。

（一）客我交往的原则

1. 平等原则

平等原则是人际交往的基础。没有平等，就谈不上尊重；没有相互尊重，就无法维持正常的交往关系。服务人员与旅客在人格上是平等的，作为交往的双方他们都是受益者，因此，服务人员在工作中一定要平等待人，不可盛气凌人或者阿谀奉承。尽管由于主客观因素的影响，人在气质、性格、能力、知识等方面存在着差异，但所有人在人格上都是平等的，每个人都需要得到别人的尊重，都需要通过交往寻找自己的社会定位，获得他人的肯定，证明自己的价值。

2. 诚信原则

"诚"即真诚，"信"即守信、诚信，诚信是客我交往的根本，也是人与人之间建立信任和友谊的基础。在客我交往中，只有双方都心怀诚意，才能互相理解、接纳、信任，感情上才能引起共鸣，交往关系才能得以发展。在现实生活中，人们都愿意与表里如一、言行一致、诚实正派的人交往，而不愿意与口是心非、老奸巨猾、口蜜腹剑的人交往。所以如果服务人员给旅客留下虚假、靠不住的印象，就会失去旅客的信任，后续就会很难与旅客进一步交往。真诚是通向友谊的桥梁，守信是中华民族最古老的传统。在客我交往过程中，我们要努力做到"言必信，行必果"。

3. 宽容原则

宽容是一种美德，也是对健康交往关系的一种呵护。"金无足赤，人无完人"，我们在与人交往时，要学会用辩证的观点看问题，对非原则性的问题不斤斤计较，不过分挑剔旅客。在与旅客发生矛盾时，要有宽广的胸襟、豁达的气量，要允许旅客有不同意见。要以豁达、宽容和开阔的胸怀来容纳旅客的缺点，同时，要严于律己，宽以待人，不放纵自己、不苛求他人，这样就会赢得旅客的尊重。

4. 赞扬原则

在客我交往中，要善于发现并且赞扬旅客的优点与长处。赞扬旅客会给旅客带来愉悦和良好的情绪，同时，旅客也会以良好的态度和情绪与我们交往。赞扬通常会产生意想不到积极影响，要建立良好的客我关系，恰当的赞美是必不可少的。一个人具有某些长处或取得了某些成就，往往需要得到社会的承认。如果服务人员能以诚挚的敬意和真心实意地赞扬来满足旅客的这种心理需求，那么旅客可能会更加和善、通情达理、乐于协作。恰当地赞美别人，会给人以舒适感。

(二) 客我交往的技能与技巧

1. 塑造良好的形象

良好的形象和大方的仪表，是客我交往的基础。在民航服务的客我交往中，旅客通常会比平时更注重服务人员的外表和风度。可以说，服务人员的形象如何，将直接影响与旅客关系的质量。与旅客交往的时候，要注意以下七点。

（1）以诚为本，坦诚相待。

（2）衣着整洁大方，符合自己的身份和气质，可适当修饰或化妆。

（3）举止得体，谈吐文雅，不言过其实，不言不由衷，不吞吞吐吐、欲言又止。

（4）态度谦和，热情大方。切忌傲慢自大、蛮横无理、目中无人。

（5）在适当的时候，可以展示自己的才华和特长，但不可自我吹嘘、故意卖弄。

（6）乐于助人，当旅客需要帮助时，给予其全力帮助。

（7）文明礼貌，谦虚谨慎，实事求是。

2. 学会赞美

与旅客交流要学会使用赞美性的语言。赞美的实质是对他人的欣赏、激励。一个笑容可掬、善于发现别人优点并给予赞美的人，肯定会受到别人的尊敬和喜爱。在现实生活中，每个人都希望得到尊重和承认，他人的赞美正是对这种需要的满足。所以，恰到好处的赞美能够和谐人际关系，给旅客带来美好的心境。赞美是一门艺术。善于发现旅客的长处，并因人、因时、因场合地适当赞美，通常都会使旅客产生好感。但赞美也不能滥用，赞美是一种诚恳、自然的情感流露，要真实、诚挚，不可虚情假意。人们喜欢得到赞扬，但只喜欢合乎事实的赞扬，对不真实的赞扬则会心生反感。

3. 学会倾听

倾听是对旅客尊重的表现，是交谈成功的要诀。因此，善于关注和倾听的人通常也善于沟通、容易获得他人的信赖。所以，服务人员要养成良好的倾听习惯，这将有助于我们获得良好的客我关系。首先，要耐心听取旅客讲话，态度谦虚，目光应注视旅客。其次，要善于通过体态语言及语言的其他方式给予必要的反馈，做一个积极的倾听者。再次，不要随便打断旅客的讲话。最后，在旅客讲话的时候，可以适当地向其提出一些问题，以让对方感觉到你在认真倾听。另外，倾听的时候要能听出旅客的言外之意。一个聪明的倾听者，不能仅仅满足于表面的倾听，还要从说话者的言语中听出话中之话，从而把握说话者的真实意图。只有这样，才能做到真正的交流、沟通。

4. 学会尊重

尊重，包括自尊和尊重他人两个方面。自尊，是指自重自爱，捍卫自己的人格；尊重他人，则指重视他人的人格、习惯和价值，承认客我交往双方的平等地位。在客我交往中，只有先尊重旅客，才能得到旅客的尊重。

5. 真诚待客

在民航服务工作中，服务人员对待旅客要以诚相待，不要过于世故。"诚"是人际交往的根本，自古以来一直受到人们的推崇，交往过程能做到一个"诚"字，必能赢得真诚的回报。反之，世故圆滑，尔虞我诈，不可能得到对方的真诚相待。

6. 热情有度

热情有度主要是指服务人员在为旅客服务时，务必要把握好热情的分寸。热情总比冷漠好，主动服务总比被动服务好，这自不待言。然而，什么事情都有一个度，热情之于服务，往往过犹不及，物极必反。服务不够热情，通常会怠慢旅客；而服务热情得过头了，亦会有碍于旅客。所以，服务人员要注意热情有度。这里所说的"度"，主要是指服务人员在向旅客提供服务时，不仅要积极、主动，还要切记因此干扰到对方。

在一般情况下，服务人员要向旅客提供无干扰的热情服务，特别应注意以下问题：服务人员应在深谙现代人强调尊重自我心态的基础上，把握好热情服务的"度"，该"热"则"热"，不该"热"则不"热"，使旅客在享受服务的过程中感到舒适、安心，不受过度礼遇的惊扰。

（三）客我交往的注意事项

1．不卑不亢，心态平和

不卑，就是不显得低贱；不亢，就是不显得高傲。不卑不亢，心态平和，就是说在旅客面前，服务人员要保持平和的心态。

社会生活是丰富多彩的，在不同的时间和空间里，人们所扮演的角色不尽相同，服务与被服务的角色也会因时间与空间的不同而变化。因此，作为服务人员必须有正确、平和的心态，既不要在为旅客服务时感觉低人一等，也不要在别人为自己服务时傲慢无礼。

2．不与旅客过分亲密

服务人员在进行服务时，要注意公私有别。在服务工作中，出于礼貌或创造和谐气氛的需要，服务人员可以和旅客进行一些简单的交谈。但是，服务人员与旅客交谈要注意两点：第一是不能影响工作，第二是不能离题太远。

例如，服务人员与旅客交谈本来是为了更好地完成服务工作，但结果与旅客聊得眉飞色舞，其他旅客要求服务时，却没人应答，导致旅客心生不满。

有的服务人员与旅客交谈时天马行空，无所不谈，甚至讨论一些敏感话题或传播耸人听闻的小道消息。还有的服务人员与旅客"一回生、二回熟"，自从聊过一回之后，再见到该旅客时便称兄道弟、亲姊热妹。这都是要不得的。

3．不过分烦琐，不过分殷勤

对于旅客提出的要求、托办的事项，服务人员只要轻轻地说一声"好的"或"明白了"即可，不要喋喋不休，以免使旅客感到厌烦。

例如，某宾馆的客房部有一个规定，客人从外边回来，一下电梯服务台就要给客人递送汗巾。在夏季，特别是白天，这种做法是非常好的。但如果是在冬季，又是晚上，那就大可不必，因为客人通常并不需要擦汗。而且晚上客人回到房间，房间内有完善的卫生设施，很快就可以洗澡了，汗巾没有必要用。这种不恰当的"殷勤"很容易引起客人反感。

4．一视同仁，同等对待

乘坐飞机的旅客，虽然他们的身份、地位、年龄、健康状况不一样，但应当一视同仁地对待他们。若以貌取人，这是非常不好的做法。每一位旅客都是服务人员服务的对象，都应获得同样的对待。不能对待有身份、衣着华丽的人很恭敬，而对身份低、衣着普通或寒酸的人，就显得傲慢或看不起。这是不尊重旅客、没有礼貌的做法，应该摒弃。

有的服务人员，对熟悉的旅客很客气，甚至勾肩搭背，长时间地大声交谈。而对普通且不熟悉的旅客，则有些不尊重、不热情。这会给别的旅客留下不好的印象，认为服务人员缺乏职业素养。因此，服务人员若是遇见熟人来乘坐飞机，打个招呼就可以了，绝不可以与熟人聊个没完。这是服务人员的工作时间，不是私人聚会时间，要分清场合。

但是，对于某些旅客又必须给予适当的特殊照顾。比如，老、弱、病、残、孕等旅客，在他们乘机时最好上前搀扶。这样做才能切实体现服务的本质以及服务人员的职业素养。

5. 表情适度，举止得体

（1）注意表情

在人际交往中，表情也是一种信息传播与交流的载体。服务人员在向旅客提供服务时，有必要对自己的表情进行适当的调控，以便更为准确、适度地向旅客表达自己的热情友好之意。

在服务过程中，服务人员要注意运用好自己的眼神。当面对旅客时，切不可出现下列眼神：一是盯着旅客，似乎担心旅客进行偷窃；二是打量旅客，似乎对旅客满怀好奇之心；三是斜视旅客，似乎对旅客百般挑剔或瞧不起旅客；四是窥探旅客，似乎疑神疑鬼，或者少见多怪；五是扫视旅客，即对旅客的某些部位进行反复注视，此举极易引起旅客的反感。

在服务过程中，服务人员还要注意把握好自己的笑容。俗话说笑比哭好，但是笑也必须得体、适当。服务人员迎送旅客，或为旅客直接服务时，应保持适当的微笑。服务人员在旅客身后暗自发笑、在一起说笑、在旅客出丑露怯时偷笑、聚在一起议论旅客、当众莫名其妙地狂笑不止等行为，都是缺乏礼貌及职业素养的表现。

（2）注意举止

服务人员在为旅客提供服务时，要注意自己的举止。下列三种行为有可能干扰旅客的举止，应当严禁。

第一，不卫生的举止。当着旅客的面，进行诸如挖鼻孔、掏耳朵之类的卫生清理动作，或者随意用自己的手以及其他不洁之物接触旅客所用之物，这些都属于不卫生的举止。

第二，不文明的举止。例如，当众脱鞋、更衣、提裤子、穿袜子等动作。

第三，不敬人的举止。例如，对旅客指指点点，甚至存在拍打、触摸、拉扯、追逐、堵截对方的行为，不仅失敬于旅客，而且会对旅客造成一定程度的干扰，甚至会令旅客感到愤怒、被冒犯。

第三章　民航职业道德

第一节　职业道德概述

职场生活是社会生活的一部分。人们身在职场中，自然就要受到职场规范的约束，尤其是特殊工作岗位的特殊职业要求，同时还会面临具体的职业道德的要求。这些要求不仅包括具体岗位的道德规范，还包括工作单位的纪律、规章，以及具体岗位的具体行为规范。这些在职业道德层面具体体现为爱岗敬业、办事公道、服务群众、诚实守信等道德规范。

一、职业道德简述

恩格斯指出，在社会生活中，"实际上，每一个阶级，甚至每一个行业，都有各自的道德"。这里所说的每一个行业的道德，就是职业道德。所谓职业道德，就是指从事一定职业的人在职业活动中应当遵循的具有职业特征的道德要求和行为准则。在现代社会中，职业道德通常以"准则""守则""条例"等形式表现，主要用于说明哪些行为是被允许的，属于道德的行为；哪些行为是不被允许的，属于不道德的行为。从来源上看，职业道德随着劳动分工的出现而逐步形成，又随着分工的发展而不断发展。例如，随着淘宝店家、快递员等新兴职业的出现，相应的职业道德要求也随之产生。从形式上看，职业道德是一般社会道德的特殊表现形式，是社会道德的一个"有特色的分支"。

从内容上来看，各行各业形成了各具特色的职业道德。例如，不做假账是会计的职业道德，救死扶伤是医生的职业道德，诲人不倦是教师的职业道德，为官一任、造福一方是官员的职业道德，发生灾难时最后离船是船长的职业道德等。

职业道德是职业素养的重要组成部分。职业素养是从业者在职业活动中表现出来的综合能力与品质，包括职业技能、职业价值观、职业习惯、职业形象、职业道德等。职业道德又涵盖职业态度、职业荣誉、职业作风、职业良心、职业义务等具体内容。另外，需要注意的是，职业道德和职业相关的法律法规既紧密联系又相互区分。虽然两者都是关于职业的具体要求和明确规范，在职业活动中都发挥着积极的作用，但是两者的作用存在显著的区别。职业相关的法律法规是从事一定职业的人在履行本职工作的过程中必须遵循的法律规范。这是通过国家强制力来保障实施的行为规范，对职业活动具有更强的约束力。而职业道德主要依靠社会舆论、理想信念和传统习俗来维系，属于应当做但不是必须做的一种行为规范。现代社会，职业道德与职业相关的法律法规之间相互交融的状况日益凸显，一些原有的职业道德规范转化为了职业法律法规，从而具有了更大的普遍性和权威性。另外，职业法律法规也影响着职业道德规范的制定与完善。

所以，用人单位在招聘大学毕业生时，应重点关注大学生的职业态度、职业道德，看他们是否对工作认真负责、是否有敬业精神。只要具备这些优良品质，经过培养，大学生便能成为对企业有价值的人。正如蒙牛创始人牛根生所言："有德有才，破格重用；有德无才，培养使用；有才无德，限制录用；无德无才，坚决不用。"

二、社会主义职业道德的内容

职业道德具有时代性和历史继承性，在不同的历史时期有不同的职业道德要求。在历史上不同时期所产生的带有道德色彩的行规，可以看作职业道德的表现形式。

在资本主义时代，机器大工业带来了社会分工的发展，促成了职业的大规模分化。职业的发展推动了职业道德的进步，职业道德的种类迅速增加并且在内容上逐渐定型，职业道德的调控作用也得到了强化，成为职业活动的重要组成部分，甚至上升到了制度和法律的层面。

社会主义制度的建立为职业道德的发展提供了更为广阔的空间，职业道德也由此进入了新的发展阶段。在该阶段，职业成为体现人人平等、人格尊严和个人价值的重要载体。尽管职业的分工还受生产力发展水平的制约，但由于各种职业利益同社会的整体利益从根本上说具有一致性，因而从业者之间，以及从业者与服务对象之间不存在根本的利益矛盾。职业和岗位的不同，只是分工的差别，不存在高低、贵贱之分。社会主义的职业道德体现了以"为人民服务"为核心、以集体主义为原则的社会主义道德要求，同时汲取了传统职业道德的优秀部分，体现了社会主义职业道德的基本特征，具有崭新的内涵。其基本要求是：爱岗敬业（乐业、勤业、精业）、诚实守信（诚信无欺、讲究质量、信守合同）、办事公道（客观公正、照章办事）、服务群众（热情周到、满足需要、技能高超）、奉献社会（尊重群众利益、讲究社会效益）。

（一）爱岗敬业

职业不仅是个人谋生的手段，还是从业者完成自身社会化的重要条件，是个人实现自我、成就事业的重要舞台。爱岗敬业所表达的最基本的道德要求是：干一行爱一行，爱一行钻一行；精益求精，尽职尽责；以辛勤劳动为荣，以好逸恶劳为耻。爱岗敬业不仅是社会对每个从业者的要求，也应当是每个从业者的自我约束。

1. 乐业

基本要求：对工作抱有浓厚兴趣，倾注满腔热情。

更高要求：把工作看作一种乐趣，看作生活中不可缺少的内容，并在艰苦奋斗中取得成就时，感到无比的兴奋和快乐。

2. 勤业

基本要求：具有忠于职守的责任感，认真负责、心无旁骛、一丝不苟、刻苦勤奋。

更高要求：遇到困难不轻言放弃，而是为之不懈努力，具有勇于战胜困难的奋斗精神。

3. 精业

基本要求：对本职工作业务纯熟、精益求精，不断提高自己的技能，使工作成果尽善尽美。

更高要求：不断有所进步、有所发明、有所创造。

（二）诚实守信

所谓诚实，就是忠诚老实、不讲假话。所谓守信，就是信守诺言、说话算数、讲信誉重信用、履行自己应承担的义务。

1．诚信无欺

基本要求：市场交易过程中，卖方要做到货真价实、明码标价、合理定价，同时如实提供真实的商品信息。

反对：各种各样的欺骗服务对象的行为。

2．讲究质量

基本要求：把质量放在第一位，以质量求生存，以质量求发展。

反对：以次充好，生产、销售假冒伪劣产品。

3．信守合同

基本要求：签订合同时，诚心诚意、认真负责；履行合同时，一丝不苟、精准落实。若遇困难或意外，应想办法克服；若不能履约，应承担相应的责任。

反对：以欺诈、强迫等不平等方式签订合同，随意违约、毁约。

（三）办事公道

公道就是公平、正义。办事公道是指从业人员在职业活动中要做到公平、公正，不谋私利，不徇私情，不以权害公，不以私害民，不假公济私，恰如其分地对待人和事。办事公道是为人民服务必不可少的条件，也是提高服务质量的基本保证。

（四）服务群众

所谓服务群众，就是在职业活动中一切从群众的利益出发，为群众着想，为群众办事，为群众提供高质量的服务。服务群众是为人民服务在职业活动中最直接的体现。

1．热情周到

为服务对象考虑周全、细致，不怕麻烦，使服务对象有"宾至如归"的感受。

2．满足群众需要

心中装着群众，急群众所急，想群众所想，充分尊重群众的意愿，以群众的需要作为自己的工作需要，满足群众提出的合理、正当的要求。

3．技能高超

勤学苦练，不断提高服务技能，使服务工作尽善尽美。

（五）奉献社会

奉献社会，就是要求从业人员在自己的工作岗位上树立起奉献社会的职业理想，并通过兢兢业业地工作，自觉为社会和他人做贡献，尽到力所能及的责任。这是社会主义职业道德中最高层次的要求，体现了社会主义职业道德的最高目标指向。

三、职业道德

（一）职业道德

职业道德就是从事某一具体职业的人，在其工作岗位上（或职业活动中），所需遵循的行为标准和要求，是本行业对社会所承担的道德责任和义务，它是道德准则、道德情操与道德品质的总和。基本的职业道德要求是：爱岗敬业、诚实守信、办事公道、服务群众、奉献社会。

要理解职业道德需要掌握以下四点。

首先，在内容方面，职业道德总是要鲜明地表达职业义务、职业责任以及职业行为上的道德准则。它不是一般地反映社会道德和阶级道德的要求，而是要反映职业、行业以至产业特殊利益的要求；它不是在一般的社会实践基础上形成的，而是在特定的职业实践基础上形成的，因而它往往表现为某一职业特有的道德传统和道德习惯，表现为从事某一职业的人们所特有的道德心理和道德品质。

其次，在表现形式方面，职业道德往往比较具体、灵活且多样。它总是从本职业交流活动的实际出发，采用制度、规则、公约、承诺、誓言、条例以及标语口号等形式呈现，这些灵活的形式既易于为从业人员所接受和实行，又易于帮助从业者形成职业道德习惯。

再次，从调节的范围来看，职业道德一方面用来调节从业人员的内部关系，增强职业、行业内部人员的凝聚力；另一方面，它也用来调节从业人员与其服务对象之间的关系，用来塑造本职业从业人员的形象。

最后，从产生的效果来看，职业道德与各种职业要求及职业生活紧密结合，形成比较稳定的职业心理和职业习惯。职业道德同人们的社会分工、职业活动紧密联系，具有自身特定的道德准则和规范，它是职业或行业范围内特殊的道德要求。

（二）行业界定

"人民航空为人民，真情服务暖民心。"中国民航是交通运输行业的重要组成部分，是人民大众最基础的生活所需，属于"衣食住行"中必不可少的"行"的范畴。有了"行"才有了人类活动范围；解决了"行"的工具和质量问题，人类活动范围才能不断扩大，人际交往与联系才会更加频繁和密切，社会生活质量才能更加进步和提高。同时，民航也是一个城市、一个地区和一个国家对外联络和交流的重要窗口，人们往往通过一个地方的民航发展、民航形象和民航服务初步判断当地的经济社会发展和人文素养水平，所以民航又是服务社会和人民群众的、具有鲜明服务特征的窗口行业。民航服务品质还直接关系到人民群众的民生保障水平，影响民心。

（三）民航员工的职业道德

民航员工的职业道德是在服务旅客的过程中，处理个人与旅客、个人与公司以及国家与国家之间的关系时所应遵守的职业行为准则。它是社会道德在职业生活中的具体呈现。其基本道德要点包括：①热爱社会主义祖国，热爱人民，立志为繁荣祖国的民航运输事业，为促进经济发展和提高人民生活水平做贡献。②对国家财产和人民生命负责，切实保证民航运输的安全可靠。当国家财产和人民生命受到威胁时，要挺身而出，见义勇为，不怕流血牺牲。③热情为旅客服务，急旅客所急，帮旅客所需；热爱劳动，不怕吃苦，为旅客提供干净、舒适、愉快的旅行环境。④廉洁奉公，遵纪守法，不利用手中之权谋私，不索贿受贿。⑤认真学习科学文化和专业知识，对服务技术精益求精，不断提高为人民服务的思想觉悟和为人民服务的本领。⑥培养集体主义精神，搞好分工协作，相互间团结友爱，互相帮助。⑦欢迎广大群众监督，虚心接受群众的批评，不断提高为人民服务的质量。

四、准确的角色定位

服务人员永远不可能与旅客"平等"。

为了提高服务水准，员工应提高自己的角色认知能力。角色指的是某个人在某个场合中的身份。角色定位指的是一个人在工作过程中必须准确地定位好自己需要扮演的角色。角色认知是指每个员工在服务这个大舞台上，都在充当一定的角色，员工是什么角色就唱什么调；再根据社会对自己所扮演的角色的常规要求、限制和看法，对自己的行为进行适当的自我约束。

经常听到我们的空乘和地服抱怨，"现在的旅客素质越来越差""服务这碗饭真不好吃""凭什么我要受旅客的气"……更有甚者，有的员工与旅客对吵、对骂，甚至对打，丝毫没有觉得自己的行为有何不妥，对于旁人的劝解或者领导的批评，总是一副委屈的模样。

"人生如戏，戏如人生"，这句话并不是告诉人们应当游戏人生，而是告诉大家，人生由一个个情景戏组成。在每一个情景中，人们分别扮演不同的人生角色。出色的演员能将每一个角色都扮演得到位且精彩，蹩脚的演员则将人生的许多角色演"砸"，演绎得不伦不类。

作为自然人，每一个人都是平等的，每一个人都可以尽最大努力维护自己的尊严，当面临尊严受损时"以牙还牙"的想法有一定的合理性。但是，作为角色扮演的社会人，若是单纯地去理解"平等"，简单粗暴地去追求绝对的"平等"，就有很大的问题。作为社会人，我们会面临许多"角色扮演"的要求，在每一个情景剧中，都应按照情景对角色的要求去"演出"，忘记自己的本色，暂时放弃"自我"，严格按照岗位职责的要求去用心"演出"，这样，工作才更有成就感，这样的人生也才会更精彩。

第二节　民航职业道德

民航服务的职业道德，是指服务人员在服务过程中接待旅客，处理自己与旅客、与所在单位以及国家之间的关系时所应遵守的职业行为准则。

民航服务工作职业道德的核心思想是为人民服务，对旅客负责，让旅客对航空公司的服务质量深感满意，并且通过全体服务人员的一言一行，传达出本单位给予旅客的体贴、关心与敬意，反映出本单位积极进取、报效国家与社会的精神风貌。民航服务人员的职业道德主要体现在思想品质、服务态度、工作作风、职业修养等方面。

一、思想品质

民航服务人员要想做好本职工作，就必须在思想品质方面对自己有一定规范化的要求。

（一）热爱祖国、热爱社会主义

作为一名中国公民，民航服务人员必须首先热爱自己的祖国。也就是说，在行动上必须贯彻爱国主义思想。

服务人员对于热爱祖国、热爱社会主义必须身体力行。拥护中国共产党的领导，积极投身于社会主义现代化建设事业，从自己身边的点滴小事做起，从我做起，无私奉献，为国效力，为国分忧，永远热爱自己的祖国，永远忠于自己的祖国。

（二）热爱本职工作

民航服务人员若要树立良好的职业道德，首先就必须树立起热爱本职工作的思想。热爱本职工作具体体现为爱岗敬业、忠于职守的态度。这是职业道德有别于其他道德类型的主要特征。

服务人员若要做到爱岗敬业，就要努力做到热爱自己所从事的具体职业，热爱自己所在的具体工作岗位，维护本职业的利益，担负起本岗位的责任；在工作上认真负责，在技术上精益求精，力求掌握最好的职业技能；秉持勤勤恳恳，踏踏实实，始终如一的态度，不计名利得失，认真做好本职工作。热爱本职工作还体现在对民航服务工作的热爱不是一时的，当美好的民航服务生活理想被辛苦的工作现实打破后，还能一如既往地主动、热情、周到、有礼貌、认真负责、勤勤恳恳、任劳任怨地做好工作。

二、服务态度

民航服务人员若要做好本职工作，在服务态度上，必须对自己有一定的规范化的要求。

（一）热情服务

在我国这样一个社会主义国家里，服务行业的根本宗旨，就是要全心全意为人民服务。全心全意为人民服务要求服务人员做到想旅客之所想，急旅客之所急，切切实实地为旅客多办好事、多办实事。

在服务过程中，要从精神上满足旅客需求，这要求服务人员对旅客热情服务。所谓热情服务，就是要求服务人员在为旅客提供服务时，要以"情"感人，以"情"动人。在为旅客服务的过程中，积极、主动、耐心、细致、周到，并且充满温情。最重要的是，这一切都必须发自服务人员的真心，而绝非虚情假意。

（二）礼待宾客

礼待宾客，要求服务人员在接待旅客时要注意以礼待人。服务人员要真正做到礼待宾客，就必须努力做到尊重旅客、关心旅客、爱护旅客。在为旅客服务时，要对所有的旅客一视同仁，绝不可区别对待。要做到熟人与生人一个样，异性与同性一个样，地位高的人与地位低的人一个样，本地人与外地人一个样，外国人与中国人一个样，消费多的人与消费少的人一个样。

在礼待宾客的诸多要求中，最关键的是服务人员要真正尊重旅客。只有旅客感受到了服务人员对他的尊重，礼待宾客、礼貌服务的目的就达到了；反之，做不到给予对方充分的尊重，就没有礼貌服务可言。总而言之，从本质上来讲，礼待宾客就是要求服务人员在为旅客服务的过程中，认真地遵守并运用服务礼仪。

（三）注重质量

注重质量，要求服务人员在为旅客提供服务时，不仅要重视数量方面的问题，还要重视质量方面的问题，努力使自己的服务质量达到旅客满意。

服务工作必须不断地提高质量，这既是服务本身的一种内在要求，也是服务行业竞争日趋激烈下的一种客观要求。若要提高服务质量，通常需要从两个方面着手：一方面，要在自己的经营服务范围之内，确保服务项目齐全，经营项目具有特色，技术精益求精，符合社会需求，服务周到细致，这些都是提高服务质量必不可少的物质基础。另一方面，提高服务质量还需使服务内容现代化、系列化、规范化。服务内容的现代化、系列化、规范化，具体表现为服务应有正常服务、专项服务、多功能服务以及现代技术服务等类别。其中，正常服务，是指在常规情况下所进行的服务；专项服务，是指满足旅客的特殊需求的服务；多功能服务，是指在进行正常服务的同时，提供相关的连带服务，以满足旅客的多种需要；现代技术服务，是指随着服务行业技术设备的不断改进，相应扩大服务的科技含量。

三、工作作风

民航服务人员若要做好本职工作，在工作作风方面，必须对自己有一定的规范化的要求。服务人员的工作作风，是指民航服务人员在工作岗位上所表现出来的态度与行为。它不仅体现着服务人员的思想品质，还影响着服务人员的服务质量与个人形象。服务人员应时时处于高标准、严要求的状态，主要集中体现在清正廉洁、一心奉公这两个要点上。

（一）清正廉洁

服务人员几乎天天都要与人、财、物打交道。这里所指的人，主要是旅客；财，主要是指钱款；物，主要是指商品或服务项目。在处理自身与这些特定的人、财、物之间的关系时，服务人员若做不到清正廉洁，那后果必然是十分严重的。

对服务人员而言，清正廉洁就是要求其在工作岗位上能够恪守本分，严格遵守一切规章制度。在财物方面，要做到为人清白，没有任何污点，绝不损公肥私，绝不贪污受贿，真正做到"手过万金，一尘不染"。

（二）一心奉公

一心奉公，主要是要求服务人员在自己的工作岗位上，全心全意地维护国家、集体与本企业的利益。一心奉公重点要求服务人员做到下列三点。

1. 坚持整体利益至上

无论是在思想上还是在行动上，服务人员都要始终将国家、集体与本单位的利益置于首位，而把个人利益放在第二位，个人利益从属于整体利益。

2. 保护公共财产安全

对于国家、集体、本企业的公共财产，要自觉地加以爱护和保护，使之不受人为的侵占、挪用，或是出于其他原因造成的损害。

3. 坚决杜绝非法经营

凡一切由国家法律法规所明文禁止的服务项目，服务单位与服务人员均不得以任何形式予以经营或者变相经营。

四、职业修养

职业修养，通常是指某一行业的从业人员在自己的工作岗位上通过长年累月的锻炼，在思想上、业务上所达到的一定的水准，以及由此而养成的待人处世的基本态度。对于民航服务人员而言，个人的职业修养往往会直接影响其服务质量与工作态度。

职业修养的形成可谓"冰冻三尺，非一日之寒"。倘若没有平日的严格要求以及岁月的千锤百炼，便难以拥有良好的职业修养。若要提高自己的职业修养，服务人员就必须"从我做起，从现在做起"，从严、从难要求自己。

在日常生活中，一个人的修养往往体现在其所作所为的具体细节上，而这些细节通常又能真切地反映出其个人素质的高低。因此，服务人员必须与一切不拘小节的行为划清界限，通过个人修养的提高，来展现自己良好的个人素质。

具体而言，服务人员若要在职业修养方面不断取得进步，主要应从以下两个方面着手。

（一）树立崇高理想

作为社会主义服务行业中的一员，民航服务人员应自觉地树立起崇高的理想。服务人员不但要充分认识到服务工作的重要意义，还要甘做社会的"齿轮"与"螺丝钉"。遇事要以大局为重，以国家、集体及人民的利益为重。要明确人生的真正目的不在于索取，而在于奉献。

（二）努力钻研业务

服务人员想要真正做好本职工作，光有为人民服务的思想还不够，还必须有为人民服务的过硬本领。这就要求服务人员努力学习各项业务知识，不断调整自己、充实自己，不断提高自己的服务水平。

一般来说，服务人员努力钻研业务必须做到理论与实践并重。一方面，服务人员要积极学习各种与自己所从事的具体工作直接相关的专业理论知识，用科学的理论来武装自己的头脑，开阔自己的视野。另一方面，服务人员还应当积极进行岗位技能训练，不断提高自己的服务技能水平，从而真正做到理论联系实际、理论指导实践、理论服务实践技能训练。

第四章　民航职业礼仪素养

第一节　礼仪概述

一、礼仪的概念

（一）礼仪的起源与发展

在人类社会发展之初，出于对神秘的自然现象的敬畏，产生了原始崇拜，如图腾崇拜、祖先崇拜等。为了表达这种崇拜之意，人类生活中就有了祭祀活动，并且在祭祀活动的历史发展中逐渐完善相应的规范和制度，进而形成了祭祀礼仪，这是人类最初的礼仪形式。如甲骨文中的"礼"字，其含义是击鼓奏乐、奉献美玉美酒、以敬拜祖先神灵等。

随着人类对自然与社会中各种关系认识的逐步深入，已有的祭祀天地、鬼神、祖先的礼仪，已经不能满足人类日益发展的精神需要，也难以调节日益复杂的现实关系。于是，人们将事神致福活动中的一系列行为，从内容和形式扩展到了各种人际交往活动中，使礼仪从最初的祭祀之礼扩展到社会各个领域，形成了各种各样的礼仪。

从历史发展的角度来看，中国古代礼仪的演变可分为以下四个阶段。

（1）礼仪的起源时期：夏朝之前。整个原始社会时期是礼仪的萌芽时期，原始的政治礼仪、敬神礼仪、婚姻礼仪等在这个时期已经有了雏形，但尚未形成明显的阶段特征。在炎黄、尧舜禹的时代，人们逐渐总结出了"三纲五常"的理论。

（2）礼仪的形成时期：夏、商、周时期。在这个阶段，中国第一次形成了比较完整的国家礼仪与制度，并且提出了许多极为重要的礼仪概念，如"五礼"等，还确立了崇古重礼的文化传统。古代的礼制典籍多修纂于这一时期，如周代的《周礼》《仪礼》《礼记》，它们是我国最早的礼仪学专著。

（3）礼仪的变革时期：春秋战国时期。在这一时期，学术界形成了百家争鸣的局面，以孔子、孟子、荀子为代表的儒家学者，系统地阐述了礼的起源、本质与功能，第一次在理论上全面而深刻地论述了社会等级秩序的划分及其意义。

（4）礼仪的强化时期：秦汉到清末。在我国长达2000多年的封建社会里，尽管不同朝代的礼仪文化具有不同的政治、经济、文化特征，但它们却有一个共同点，就是一直为统治阶级所利用，礼仪是维护封建社会等级秩序的工具。这个时期礼仪的重要特点是尊君抑臣、尊夫抑妇、尊父抑子、尊神抑人。在漫长的历史演变过程中，礼仪逐步成为妨碍人类个性自由发展、阻碍人类平等交往、禁锢人们思想的精神枷锁。

辛亥革命后，西方文化大量传入中国，传统的礼仪规范与制度逐渐被时代抛弃，科学、民主、自由、平等的观念日益深入人心，新的礼仪标准以及价值观念得到推广和传播。改革开放以来，随着中国与世界的交往日益频繁，西方一些先进的礼仪、礼节陆续传入我国，它们和我国的传统礼仪一起融入社会生活的各个方面，构成了现代社会礼仪的基本框架。许多礼仪从内容到形式都在不断变化，现代礼仪的发展进入了全新的阶段。

（二）礼仪的内涵

礼仪是一个复合词语，它包括"礼"和"仪"两个部分。"礼"是指人们在长期的社会生活实践中约定俗成的行为规范。它的内容非常丰富，其含义的跨度和差异也很大。"礼"从原始社会敬神的仪式，发展到阶级社会等级森严的社会道德规范，再引申为今天的敬意的通称。如今"礼"的本质是"诚"，其核心是互相尊重、互相关心、互相谦让。"仪"的概念在奴隶社会向封建社会转型的春秋时期才出现，意即仪式、仪文；到了封建社会，"仪"又具有了容貌和外表、仪式和礼节、区分尊卑的准则和法度等含义；如今，"仪"即指人际交往中互相表示尊重、友好的具体形式。"仪"是"礼"的表现形式，"礼"和"仪"互为表里，没有形式就没有内容。

因此，礼仪是由一系列具体的、表现尊重的礼节所构成的系统。礼仪的内涵主要有以下四点。

（1）礼仪是一种行为准则与规范。其表现为一定的章法，只有遵守这种习俗与规范，才能适应社会的发展。

（2）礼仪是社会关系中人们约定俗成且共同认可的行为规范。它首先表现为一些零散的、不成文的规矩、习惯，然后才逐渐上升为大家认可的，可以用语言、行为、文字进行准确描述和规定的行为准则，并成为人们有章可循、可以自觉学习和遵守的行为规范。

（3）礼仪是一种情感互动的过程。在礼仪的实施过程中，既有施礼者的主动行为，也有受礼者的反馈行为。即礼仪是施礼者与受礼者之间尊重互换、情感互动的过程。

（4）礼仪的本质是尊重，目的是达到人际交往的和谐状态。礼仪可以体现一个人对他人及社会的认知水平、尊重程度，是一个人学识、修养以及价值的外在表现，讲究礼仪是社会文明的一个显著标志。

二、礼仪的特性

（一）规范性

礼仪是一种行为规范，它对人们在交往时的语言和行为具有规范性和制约性。这种规范性所反映的实质是一种被社会广泛认同、普遍遵守的价值取向和行为准则。

礼仪的规范性告诉人们在社会活动中哪些是应该做的，哪些是不应该做的；哪些是对的，哪些是错的。例如，在正式商务场合应该着正装，而不能选择运动装；握手时伸出右手是对的，伸出左手是不对的。礼仪为各种人际交往行为设定了一定的标准，如果违反了这个标准，就会对交往造成障碍。因此，要想建立和谐的社会关系，大家都必须遵守各项礼仪规范。

（二）继承性

中国是有着"礼仪之邦"之称的泱泱大国，礼仪文化源远流长。礼仪文化的发展是一个扬弃的过程，一个"取其精华去其糟粕"的过程。那些反映劳动人民的精神风貌，代表劳动人民道德水平和气质修养的健康高尚的礼仪得到了肯定和发扬，而那些代表剥削阶级及封建迷信的繁文缛节则被根除。例如，古代的磕头跪拜之风早已被现代的握手敬礼所替代，至于古代朝见天子的三跪九叩，更是被抛进了历史的"垃圾堆"。而那些"温良恭俭让""尊老爱幼"的行为规范则得到了弘扬。例如，以往老人寿辰时，晚辈要行祝寿礼仪、置办寿辰酒宴以祝老人福寿无疆、万事如意，而如今人们为老人祝寿除了摆寿酒外，还可能会在电台点歌、电视台点节目，以此祝老人生日快乐、寿长福远。这种变化不仅体现了人类对礼仪的一脉相承，也反映了礼仪在传承过程中得到了丰富发展，更突出了人类礼仪的本质。可见，礼仪文化会随着人类历史的不断进步而发展。

（三）发展性

礼仪是社会发展的产物，是在仪表、仪态、仪式、仪容以及言谈举止等方面所达成的共同认可的规范和程序。一个时代的社会风貌、文化习俗以及思想观念都会对礼仪产生一定的影响，因此其具有时代的特点。但礼仪不是一成不变的，随着时代的发展、科学技术的进步，礼仪也在不断地发展变化。

（四）差异性

俗话说："十里不同风，百里不同俗。"不同的地域、民族以及国家都有着不同的发展历史，因此形成了不同的礼仪文化。例如，对于"老"的理解，在我国，人们通常会以"王老""李老"等称呼上了年纪的德高望重的人，这种称呼意味着此人的成就得到大家的一致认可，是一种极高的敬意。不过，当我们满怀敬意地用"老"去称呼西方人时，效果可能会适得其反。"老"对他们而言，可能意味着魅力丧失、精力不济，所以西方老人不乐意被他人称为老人。

我国疆土辽阔，是一个多民族的大家庭，不同的民族，其风俗习惯、礼仪文化也各有不同。例如，见面问候致意的形式就大不相同，有脱帽点头致意的，有相互拥抱的，有双手合十的，有手抚胸口的，有握手致意的。这些礼仪形式的差异均是由不同地方的风俗文化所决定的。

（五）融合性

随着社会交往范围的扩大，世界各国、各民族的礼仪文化必然相互影响、相互渗透、相互适应且相互融合。例如，握手礼和拥抱礼，现在都已经发展成为国际惯用的见面礼节，被中西方人民所接受、认可。人际交往的扩大促进了礼仪文化的融合，与此同时，礼仪文化的相互适应将进一步促进人际交往的和谐发展。

（六）时代性

礼仪是社会发展的产物，必然具有浓厚的时代特征。不同时代的政治关系、经济发展、文化习俗、思想观念以及社会活动等，都会对礼仪产生一定的影响。时代的特色对文化的冲击是巨大的，可以说，每个时代的文化都是时代变迁的缩影，而礼仪文化也如此。例如，辛亥革命的爆发，猛烈地撞击了封建社会的上层建筑及其意识形态，也影响到了人们日常生活的方方面面，形成了新的礼仪风尚。由此可见，礼仪文化是时代的缩影，承载着时代的印记。

三、礼仪的作用

礼仪是现代社会里做人做事必备的基本功，是个人素质的体现。礼仪不仅是一个人的思想道德水平、文化修养和交际能力的外在表现，也是一个国家社会文明程度、道德风尚与生活习惯的体现。礼仪的具体作用可以体现在以下五个方面。

（一）教化作用

礼仪具有教化作用：一方面，礼仪具有约束性。礼仪作为一种道德习俗，对人们的言行起着约束、规范的作用。另一方面，礼仪具有传承性。礼仪是社会传统文化的重要组成部分，它不断地由老一辈传递给新一代，世代相继，世代相传。在社会发展进步的过程中，礼仪的教化作用具有重要意义。普及礼仪教育可以从整体上提高国民的综合素质。

（二）沟通作用

在人际交往过程中，自觉地遵守礼仪规范，可以使交往双方更好地沟通。当人们向对方表示尊重、敬意时，也能够获得对方的理解、信任与尊重。人们在交往时以礼相待，有助于增强彼此之间的互相尊重，建立友好合作的关系，缓和乃至避免不必要的矛盾与冲突。热情的问候、友善的目光、亲切的微笑、文雅的谈吐以及得体的举止等，不仅能唤起人们的沟通欲望，使彼此建立起好感和信任，而且可以促进交流的成功和扩大交流的范围，进而有助于事业的发展。

（三）约束作用

礼仪作为一种行为规范，对人们的社会行为具有很强的约束作用。礼仪一经制定和推行，久而久之，便形成社会的习俗以及社会行为规范。任何一个生活在某种礼仪习俗和规范环境中的人，都会自觉或不自觉地受到该礼仪的约束。

（四）协调作用

在现代社会中，人们的关系错综复杂，难免发生冲突和矛盾。而礼仪有助于促使冲突各方保持冷静，缓解已经激化的矛盾，进而建立相互尊重、彼此信任、友好合作的关系，使人际关系更加和谐，社会秩序更加稳定。

（五）塑造作用

礼仪讲究和谐，重视内在美和外在美的统一。礼仪在行为美学方面指导着人们不断地充实和完善自我，并且在潜移默化之中熏陶着人们的心灵，使人们注重谈吐文明、着装整洁、举止优雅，体现出时代的特色和精神风貌。

四、礼仪的原则

要正确学习、运用礼仪知识，就必须遵循礼仪的基本原则。礼仪作为一种约定俗成的规范，有其自身的一般规律，而这些规律是保证礼仪活动顺利进行的必要条件。

（一）平等原则

平等原则不但是现代礼仪的基础，也是现代礼仪与传统礼仪的重要区别之一。虽然在具体运用礼仪时允许因人而异，可以根据不同的交往对象、不同的场合采用不同的礼仪，但是在尊重交往对象这一点上，不论交往对象的国籍、信仰、文化、职业、身份、财富、性别、长相如何，都要一视同仁，以礼相待，既不可盛气凌人，也不必卑躬屈膝。

（二）尊重原则

孔子云："礼者，敬人也。"人与人的交往必须以尊重作为基本出发点，才能获得良好的效果。尊重是礼仪的核心，也是礼仪的情感基础。尊重原则包括两层含义：其一是自尊，其二是尊重他人。这要求在各种类型的人际交往活动中，都要以相互尊重为前提，既要尊重对方，也要赢得他人对自己的尊重。

（三）宽容原则

"海纳百川，有容乃大"，能设身处地为别人着想，并且能原谅别人的过失，这无疑是一种美德，同时也是现代人的一种礼仪素养。一方面，宽容原则要求人们在人际交往活动中多理解他人，体谅他人，不一味地责备他人。"金无足赤，人无完人"，有些人擅长礼仪交往，有些人则不熟悉礼仪礼节。如果不是原则问题，那就要对他人多一些谅解，不要随便对他人进行过多的是非评判。另一方面，还应虚心接受他人的批评意见，即使这些意见不完全正确，也应认真倾听，做到有则改之，无则加勉。

（四）适度原则

人际交往想要取得良好的效果，就一定要把握好"度"。礼仪是非常讲究分寸感的，适度原则要求在与人交往时，必须分清对象、场合和时间，合乎规范，把握分寸。俗话说："礼多人不怪。"礼仪是为了表达对他人的尊重，但是，凡事过犹不及，人际交往要考虑时间、地点、环境等各种因素。如果施礼过度或不足，都可能造成负面效果。例如，初次见面的握手时间应掌握在 3 秒左右，时间过长可能会让人觉得热情过度从而生厌，时间过短又可能会给人留下敷衍了事的感觉。礼仪礼节只有在适度的前提下，才能发挥出最好的作用。

（五）自律原则

礼仪宛如一面镜子，对照着它，你可以发现自己的品质是真诚、高尚，还是丑陋、粗俗。能否真正领悟并运用礼仪，关键还要看人的自律能力。自律原则要求人们在人际交往中，首先应自觉、自愿地遵守礼仪规则，而不是一味要求他人去遵循执行，应时刻以礼仪去规范自己的一言一行，做到以诚待人，表里如一。

第二节　民航职业的形象礼仪

一、民航服务人员的发型礼仪

发型礼仪是民航服务人员个人形象礼仪中不可或缺的一个重要组成部分。通常情况下，人们观察一个人时往往是"从头开始"的，位居于头顶之处的头发自然不会被忽视，而且还经常会给他人留下十分深刻的印象。

发型礼仪一般包括头发的护理与修饰两部分，前者主要与头发的日常洗护有关，后者则重点关注头发的修饰方面。任何一名民航服务人员如果不打算在自己"头上失礼"的话，均应认真地学习护发与美发。（这里主要介绍的是女性民航服务人员的形象礼仪）

（一）头发护理

民航服务人员的头发应当始终保持健康、柔顺、干净、清爽、卫生、整齐的状态。要真正达到以上要求，就必须在头发的洗涤、梳理、养护等三个方面加以注意。

首先，要重视头发的洗涤环节。保持头发干净、清洁的基本方法是按时认真洗涤头发。洗涤头发主要有以下四个目的：其一，是为了去除灰垢；其二，是为了清除头屑；其三，是为了防止产生异味；其四，是为了使头发整齐柔顺。此外，洗涤头发还有助于保养头发。

其次，梳理头发时，民航服务人员应注意以下三点：一是选择适当的工具，选用专用的头梳、头刷等梳理工具，避免因梳理工具选择不当而伤及头发、头皮。在外出上班时，民航服务人员最好随身携带一把发梳，以备不时之需。二是要掌握梳理头发的技巧。三是要避免在公开场合梳理头发，梳理头发是一种私人性质的活动，不能"当众理云鬓"，在外人面前梳理自己的头发，使残发、发屑纷纷飘落的情景尽落他人的眼底，是极不雅观和不礼貌的。

最后，要重视头发的养护。护发不可省，护发素有着修善发丝、隔离紫外线入侵等功能。

（二）头发修饰

对于民航服务人员来说，头发修饰的基本要求是：修饰之后的头发应当呈现出庄重、简约、典雅、大方的特点。不论是修剪头发，还是为其选择一定的造型，民航服务人员都必须严格遵守以下要求。

（1）着制服时，必须按照出勤标准梳理好发型，且发型必须用发胶整理固定，做到不掉落、不松散。

（2）若留短发，可留职业短发样式，要求长短整齐，不允许留寸头及怪异发型，长度不过肩，并且不能挡住眉毛。

（3）如果染发，只许染成黑色或接近本身发色的自然色，白发过多者需要染发。

（4）女性服务人员必须将长发束起并盘于脑后，可使用统一发放的头花或发网，发网必须呈饱满状，禁止留刘海，碎发要用发胶以及黑色一字形发夹固定住（外露发夹数量不超过 4 枚）。

注意：社会上流行的一些新潮发型虽然华丽美艳，却不符合民航服务人员的形象礼仪要求，不能出现在航空服务工作场合。一般情况下，不能使用彩色发胶、发膏。航空服务人员不能使用蓝、灰、棕等彩色发卡，也不要在工作岗位上佩戴彩色或带有卡通、动物、花卉图案的发饰。

（三）盘发步骤

盘发前，要准备好所需的物品，如梳子、橡皮筋、一字夹、"U"形夹、隐形发网、啫喱水、发胶等。

（1）将头发理顺、倒梳（倒梳是为了打造空气感）。

（2）扎一个马尾，马尾的高度与耳朵的延长线齐平。

（3）用梳子对头顶部分的头发进行调整，打造出蓬松的空气感，然后喷上啫喱水以及发胶固定碎发。

（4）用隐形发网套住头发，并且用一字夹将其固定。

（5）将被隐形发网套住的马尾轻轻旋转，其间手掌要进行配合，使隐形发网尾梢藏在发髻中，不可露出，发髻呈圆弧状（类似八卦状）并且紧贴头部。

（6）用4个"U"形夹分别固定4个方向（"U"形夹垂直插入，朝着橡皮筋的方向深入并夹住头发）。

（7）再次整理头发，做最后的改善。

二、民航服务人员的面部修饰礼仪（女性）

由于民航服务人员在执行航班任务时，与乘客接触距离较近，所以妆容要自然真实，要在不改变自身特点的基础上达到自然协调、不留痕迹的效果，使民航服务人员的本色美和修饰美完美结合。民航服务人员在进行面部修饰时，一方面要突出面部最美之处，使面部显得更加美丽动人；另一方面要掩盖或矫正缺陷或不足的部位。

面部修饰的重点是塑造自然、生动、高雅的气质。美好的妆容是给乘客留下良好印象的第一步。团队整体化妆风格的统一也非常重要。民航服务人员在化职业妆时，要注意团队的协调统一，不应过分强调个人的特点。

（一）皮肤保养

（1）保持心情愉快，防止皮肤老化现象。

（2）保证充足的睡眠，避免熬夜行为。

（3）摄取充足且必需的营养成分，饮食要多样化，避免偏食挑食，应多吃一些富含蛋白质、维生素以及矿物质含量丰富的食物。

（4）避免进食辛辣、刺激的食物与饮料，特别是饮酒。避免吸烟，吸烟会阻碍皮肤的新陈代谢，加速皮肤的衰老。

（5）浴后应涂抹润肤霜，保持皮肤的湿润。

（6）注意脸部的油脂分泌情况，特别是"T区"部位，要定时使用吸油面纸将油脂擦净。

（7）避免冷空气与风沙的刺激，特别是在冬季和春季，以防止皮肤变得干燥、粗糙。

（8）每天坚持有规律且彻底地清洁皮肤，使皮肤免受污物、化妆品的侵害。

（9）避免长时间化浓妆或不卸妆就入睡，这样不利于皮肤的正常呼吸。

（二）妆容修饰

（1）眼部的修饰。因为亚洲人的眼睑比较松弛，所以在对眼部进行化妆时，不要用粉色或冷色调，选用深色调比较好。民航服务人员的眼部化妆应紧密结合所在航空公司的服装色调，要做到深浅均匀、妆面干净，不要用烟熏等画法，显得不够庄重。在刷睫毛膏时，可以把镜子平放在桌子上，眼睛自然地向下看镜子，这样睫毛膏就很容易涂抹均匀了。刷的时候要注意从睫毛根部开始涂抹。刷完睫毛膏后，再用烫睫毛工具烫一下睫毛，这样不仅睫毛膏不容易脱落，也会使睫毛卷曲的时间更持久。

（2）眉毛的修饰。应体现出自然与协调，在保持个人特色的同时，有一定眉峰的眉形会显得能干而精明。如果眉毛比较杂乱或眉梢向下，可用拔眉镊拔除杂毛，再用小剪刀修剪出比较清晰的眉形。画眉时，用眉刷蘸取眉粉按照修好的眉形淡淡描画，眉头部位要轻轻带过。完成之后，可以在眉骨下方敷上一些白色亮粉，能突出眉骨，使整个面部显得更立体。

（3）口部的修饰。口部的修饰范围包括口腔以及口的周围两个部分。口腔的修饰要注意口腔卫生，保持牙齿清洁。牙齿清洁的标准是无异物，无异味，洁白无瑕。在社交场合进餐时切忌当着别人的面剔牙。正确的做法是，用手掌或餐巾掩住嘴角，然后再剔牙，剔除的异物要尽量悄悄地用纸巾包裹起来，避免让他人看到。另外，口腔无异味也很重要。平常最好少吃生葱、生蒜一类带刺激性气味的食物。每天早晨空腹喝一杯淡盐水，平时多用淡盐水漱口，能有效地控制口腔异味。需要注意的是，在工作时嚼口香糖是不礼貌的行为，特别是与人交谈时，更不应嚼口香糖。

对于口周的修饰，民航服务人员平时可使用无色唇膏来保持唇部湿润。在进行唇部化妆时，应先用唇线笔画唇线，再上唇膏。唇膏的颜色要与制服颜色相协调。

（4）鼻部的修饰。鼻部的修饰重在保养。要点有三：一是注重清洁，倘若鼻子及其周围长疮、爆皮，生出"黑头"、连片的"青春痘"，甚至出现"酒糟鼻"，将会严重影响美观。二是不能乱挤、乱挖、乱抠，因为鼻子是面部的敏感区，很容易感染。三是要注意及时修剪鼻毛。

（5）耳部的修饰。修饰耳部主要是保持耳部的清洁，及时清除耳垢并修剪耳毛。耳道结构复杂，容易藏污纳垢，所以平时应注意耳朵的清洁。切记不要当众清理耳垢。

（三）化妆步骤

在民航服务工作中，合适的妆容不仅体现出对旅客的尊重，更能赢得旅客的好感，甚至还可以帮助民航服务人员获得"专业""能干"的认可评价。

在化妆前，先要进行整肤，为肌肤补充营养，让皮肤充分滋润。护肤品的使用顺序为：爽肤水—眼霜—乳液（面霜）—防晒（隔离霜）。

（1）粉底。针对不同肤质应选择不同的粉底。干性皮肤适合选用油性粉底，由于这类粉底质地较浓，可用美妆蛋来涂抹。使用前，可先用水打湿美妆蛋，再蘸取粉底进行涂抹，这样，可以使粉底在脸上薄薄地均匀铺开。中、干性皮肤则适合选用水性粉底。这类粉底易于涂抹均匀，并且具有较好的透明感和清爽感。

（2）散粉。散粉可以增加粉底的附着力，使妆容更加持久，同时，散粉还可以遮盖涂得过浓的腮红和眼影，也可以改善油性皮肤的化妆效果。在选择散粉时，应选择粉质细腻、透明且无反光性的定型粉。

（3）眉毛。前文已有，不再赘述。

（4）眼影。前文已有，不再赘述。

（5）眼线。流畅的眼线能让眼眸增添神采，可用眼线液或眼线笔画出眼线，但只能用黑色或深棕色，同时不允许画眼尾上挑的眼线。

（6）腮红。职业妆的腮红浓淡程度不可超过口红，重点在于利用柔和的色彩使得整个妆容更加亮丽。可以选用粉红色的腮红来修饰脸色与脸型，使用大号粉刷将腮红涂抹在两侧脸颊上，刷子的尺寸越大，刷出的颜色越自然。为了体现肌肤的质感，还可以用润肤液轻拍面颊，创造无痕妆容的效果。

（7）口红。民航服务人员禁止使用蓝色、绿色及带有珠光效果的口红或唇彩，可使用唇线笔来勾勒唇线改善唇形，但禁止将口红或唇彩涂抹在唇线之外。

（8）手和指甲。民航服务人员的手和指甲应保持干净，修剪整洁。若染色，则仅限于透明色、肉色以及淡粉色，且要涂抹均匀，不能出现脱落现象。染色指甲长度不超过指尖 3 毫米，而不染色指甲长度不超过指尖 2 毫米。注意：禁止使用大红、大绿、大紫等彩色指甲油，禁止使用珠光色或含闪粉的指甲油。

第三节　民航职业的日常交往礼仪

一、民航服务人员仪态礼仪

（一）站姿

站姿是指人们站立时的姿势与体态。站姿是人际交往中最基本的举止行为，也是一切动态美的起点和基础。站立更是民航服务工作中最常见的姿态，民航服务人员的基本功之一。

1. 标准站姿

民航服务人员在工作状态中，站姿的基本要求是"站如松"，应该做到端正挺拔，具有稳定感。整体看要有脚跟提起，头向上顶，身体被拉长的感觉；竖看要有直立感，即以鼻子为中线的人体应大体呈直线；横看要有开阔感，即肢体及身段应给人以舒展的感觉；侧看要有垂直感，即从耳至脚踝骨应大体呈直线。站立的基本要领如下。

（1）头正、颈直，两眼平视前方，表情自然舒畅，微收下颌，嘴巴合拢。

（2）挺胸、双肩平展且微向后张，使上体自然挺拔、上身肌肉微微放松。

（3）收腹、立腰，臀部肌肉收紧。

（4）两臂自然下垂于身体两侧，手指自然弯曲。

（5）身体重心通过两脚中间，放在脚的前端的位置。

女士站立时，要表现出轻盈、妩媚、典雅、娴静的女士美。站立时双手自然垂于身体两侧，接着用右手自然抬起至腹部，做提姿势，同时脚后跟并拢，双脚成丁字步站立。端正的脊柱是构成女士形体曲线美的根本，因此站立时要腰部挺直、下腹微收、胸部挺起，只有这样，才能显示出女士的曲线美和亭亭玉立的美感。

男士的站姿要体现刚健、潇洒、英武、强壮的特质。站立时双手自然垂于身体两侧，或相握叠放于腹前、身后均可。双脚可以叉开，其间距与肩同宽。

2. 与旅客交流时的站姿

（1）与坐着的旅客交流时的站姿。当旅客坐着时，民航服务人员应站在距离旅客 50 厘米的位置，大约 45°面对旅客。在保持标准站姿的基础上，双手在身体前方交叉相握，自然下垂。同时，身体略微向前倾，以表示对旅客的尊重。

（2）与站着的旅客交流时的站姿。当旅客与民航服务人员都站立时，民航服务人员应站在距离旅客 1 米左右的位置，正面朝向旅客，双手可自然下垂于身体两侧，或双手在身体前方交叉相握后，自然下垂。

（二）坐姿

坐姿是指人们入席、落座以及离席的一系列动作和姿态。正确的坐姿会给人以端庄、稳重、舒适之美。

1. 标准坐姿

民航服务人员标准坐姿的基本要求是"坐如钟"，即坐相要像钟一样端正。

（1）入座。入座时要轻、稳、缓，动作要自然从容。走到座位前，转身后再轻稳地坐下。如果椅子位置不合适，需要挪动椅子时，应当先把椅子移至就座处，然后再入座。坐在椅子上移动位置是有违社交礼仪规范的。穿着裙子的女士入座时，应双手将裙子后摆向前捋顺，以此来展现出端庄典雅的气质，不可落座后再整理衣裙。

（2）落座。坐下时，坐满椅面的 1/2 或 2/3，保持上体正直并稍向前倾，头正肩平，身体重心垂直向下。双腿自然弯曲，小腿垂直于地面，双脚平落在地面，双膝自然并拢。男士双膝间可分开至不超过肩宽的距离。双手摆放时，女士应将右手搭在左手背上，放在两腿之间靠近小腹处；男士则双手掌心向下，自然放于双腿上。

（3）离座。离座时应做到自然稳当，右脚先向后收半步，然后轻缓站起身来，此过程中保持上身正直。接着向前走一步，最后再转身从椅子左侧离开。

2. 坐姿的变换

（1）谈判、会谈时，由于场合一般比较严肃，适合正襟危坐。要求上身正直，端坐于椅子中部，双手放在桌上、腿上均可。

（2）聆听他人教导、指点时，若对方是长者、尊者、贵客，坐姿不仅要端正，还应坐在座椅、沙发的前半部或边缘位置，同时身体稍向前倾，表现出谦虚、迎合以及重视对方的态度。

（3）在比较轻松、随便的非正式场合，可以坐得稍微自然一些。全身肌肉可适当放松，可不时变换坐姿，以作休息。

3. 女性民航服务人员常用的坐姿

女性民航服务人员常用的坐姿主要有以下四种。

（1）正坐式坐姿。正坐式坐姿即标准坐姿，要求双腿并拢，小腿垂直于地面，双膝、双脚完全并拢，右手搭在左手背上，放在两腿之间靠近小腹处。

（2）曲直式坐姿。曲直式坐姿是在正坐式坐姿的基础上，一腿向前伸，另一腿曲后，两脚前后要保持在一条直线上。

（3）斜放式坐姿。斜放式坐姿是在正坐式坐姿的基础上，两小腿向侧边倾斜约 45°，大腿保持垂直状态。当女士坐在沙发或较低的椅子上时，可采用这种坐姿。

（4）侧叠式坐姿。侧叠式坐姿造型极为优雅，给人一种大方高贵的感觉。将双腿一上一下完全地交叠在一起，两腿之间没有任何缝隙，犹如一条直线。双腿斜放于左或右一侧，腿部与地面呈 45°夹角，并且叠放在上的脚尖垂向地面。

（5）正叠式坐姿。正叠式坐姿要求两条腿大腿部分叠放在一起，叠放之后位于下方的一条腿垂直于地面，脚掌着地；位于上方的一条腿的小腿向内收，两腿尽量贴紧不留缝隙，同时脚尖向下。

女性民航服务人员在工作中应以正坐式坐姿为主。如需要长时间坐着，可适当变换坐姿，以缓解疲劳，但变换不可过于频繁。

4. 男性民航服务人员常用的坐姿

男性民航服务人员在服务工作中应以正坐式坐姿为主。正坐式坐姿即标准坐姿，要求小腿垂直于地面，双腿适度分开，两膝外侧不可超过肩宽，双手掌心向下，自然放于双腿上。

男士在社交活动中也可采用重叠式坐姿，即在正坐式坐姿的基础上，左小腿垂直于地面，屈右腿叠放在左腿上。男士在使用此种坐姿时要将右小腿向里收，脚尖不上跷，不能随意晃动。需要注意的是，不提倡在服务工作中使用重叠式坐姿。

（三）蹲姿

蹲姿通常是在取放低处物件、捡拾落地物品时不得已而为之的动作，虽然用得不多，但很容易被忽视。在民航服务中，与儿童旅客以及坐着的旅客交流时也需要用到蹲姿。蹲姿一定要优雅，否则极易破坏个人形象，同时也令周围的人感到尴尬。

在民航服务中，最常用的有以下两种蹲姿。

1. 高低式蹲姿

高低式蹲姿即双膝呈现一高一低的姿态。下蹲时左脚在前，右脚在后，两腿靠紧向下蹲；左脚全脚着地，小腿基本垂直于地面，右脚脚跟提起，仅脚掌着地；右膝低于左膝，右膝内侧靠于左小腿内侧，形成左膝高右膝低的姿势，臀部向下沉，基本上以右腿支撑身体。男士选用这种蹲姿时，两腿之间可保持适当的距离。

2. 交叉式蹲姿

交叉式蹲姿即双腿呈现交叉的姿态。下蹲时右脚在前，左脚在后，右小腿垂直于地面，且右脚全脚着地；左腿在后与右腿交叉重叠，左膝由后面伸向右侧，左脚脚跟抬起脚掌着地；两腿前后靠紧，合力支撑身体；臀部向下，上身稍前倾。要注意的是，交叉式蹲姿仅为女士使用，当女士裙子较短时采用这种蹲姿。

（四）行姿

行姿是在站姿的基础上展示动态美的延续动作。民航服务人员的行姿应给人以从容、平稳、优雅的感觉。

1. 标准行姿

民航服务人员行姿的基本要求是"行如风"，即要求在行走时，如风行水上，有一种轻快、自然之美。基本要领如下。

（1）抬头挺胸收腹，目光平视正前方，脚尖向前，双腿自然向前迈进，双臂在身体两侧自然摆动，步履轻捷，神态平和，要走出节奏，走出韵律感。

（2）注意步位。步位就是脚落到地上的位置，这一点对女士来说尤为重要。两脚交替前进时，要踩一条直线，而不是两条平行线。在行走时，必须保持明确的行进方向，尽可能地使自己犹如在直线上行走，不要突然转向，更不可突然大转身。

（3）注意步度。步度是指跨步时两脚之间的距离，标准的步度是一只脚掌的长度。因此，不同的人标准步度的大小是不同的，男子每步约40厘米，女子每步约36厘米。

（4）男士走路步态应稳重，以显示其刚强英武的男子风骨美，女士走路步态应轻柔、匀称且自如，以显示其端庄典雅的女子窈窕美。在正常情况下，男子每分钟走 108～110 步，女子每分钟走 118～120 步，不可突然加速或减速。

2. 民航服务人员常用的行姿

（1）前进步。民航服务人员向前行走时，应始终保持标准行姿。行进中如需问候旅客，上体和头部应随之转动，微笑点头致意；在较窄的地方遇到旅客时，需要主动礼让，侧身让旅客先行通过，如有急事需要超过旅客时，应向旅客致歉后方可超越；多名工作人员同时行走时，应保持纵队形式行进，以免阻挡旅客。

（2）巡视步。民航服务人员在巡视客舱时，可双手自然交握于腰部，手腕略微上抬，双臂微收，微笑前行。

（3）后退步。与客人告别时，不能转头就走，应先向后退三步，再转身离去。退步时，脚轻擦地面，不要高抬小腿，并且后退步幅要小。转身时要身先转，头稍后一些转。

（4）引导步。引导步是指在前面给宾客带路的步态。引宾时，要尽量走在宾客的左侧前方，整个身体半转向宾客方向，左肩稍前，右肩稍后，与宾客保持两三步的距离。遇到楼梯、拐弯、进门等情况时，要伸出左手示意，提示客人。

（5）前行转身步。前行中要拐弯时，要在距所转方向远侧的那只脚落地时，立即以该脚掌为轴，转过全身，然后迈出另一只脚。向左拐时，要右脚在前时转身；向右拐时，要左脚在前时转身。

（五）手势

手势是体态语言中最重要的一种，是通过手和手指活动传递信息的一种方式。手势不仅能够表达一个人想要表达的信息，而且在许多情况下，它还会流露出一个人的心情和想法。例如，紧张的人会不由自主地握紧手，兴奋的人会振臂欢呼，焦急的人会抬手看表等。手势是口头语言表达的重要辅助手段，是一种极其复杂的符号系统，能够表达一定的含义。在民航工作中，正确地运用手势可以帮助民航服务人员更好地传递信息，表达情感，进而提高工作效率和服务效果。

1. 手势的种类

手势按其作用的不同可以分为以下四种。

（1）情绪性手势。即用手势表达思想感情。例如，高兴时拍手称快，悔恨时手拍前额，急躁时搓手等。情绪性手势是说话人内在感情和态度的自然流露。

（2）表意性手势。即用手势表明具体内容，表达特定含义。这些手势大多是约定俗成的，含义比较明确。例如，招手表示让对方过来，摆手表示不要或禁止，挥手表示再见或致意。

（3）象形性手势。即用手势来进行描述。例如，描述很大的东西时用双手比划出一个较大的形状，形容人或物的高度较低时手向下按。象形性手势使说话者表达的内容更形象、生动。

（4）象征性手势。即用手势表达某一抽象的事物或概念。例如，表达"我们一定要取得这次谈判的胜利"时，手握拳用力向上。

2. 服务手势规范要求

服务手势的基本要求是自然大方、规范到位以及适度有礼。应把握以下要领。

（1）多数服务场合下的手势，应保持五指伸直并拢，腕关节伸直，保持手掌与前臂在一条直线上。切不可使用手指去指人，这种手势具有教训人的含义，是极不礼貌的举动。指示物品或方向时，也不可用手指指示，除非是一些微小的物品，如文字。

（2）服务手势提倡掌心向上或斜向上。掌心向下意味着权威、缺乏诚意，不宜在服务工作中使用。

（3）把握好服务手势的幅度。服务手势的幅度不宜过大，一般不应超过对方的视线，使用手势时，应注意与对方保持适当的距离，不可阻碍或触碰到对方。

3. 民航服务人员常用的手势语

（1）横摆式手势。在表示"请""请进"时常用这种手势。五指伸直并拢，手掌自然伸直，手心向上，肘弯曲，且腕低于肘。以肘关节为轴，手从腹前抬起向右摆动至身体右前方。同时，脚站成右"丁"字步。头部和上身微微向伸出手的一侧倾斜，另一只手下垂或背在背后，目视乘客，面带微笑。

（2）曲臂式手势。五指并拢，手掌伸直，由身体一侧由下向上抬起，以肩关节为轴，手臂稍弯曲到腰部的高度，再向右方摆去，当摆到距身体15厘米且不超过躯干的位置时停止。

（3）双臂横摆式手势。面对较多乘客说"请"时，可采用双臂横摆式手势。即两手从腹前抬起，双手上下重叠，手心向上，同时向身体两侧摆动，摆至身体的侧前方，上身稍前倾，微笑施礼向大家致意，然后退到一侧。也可以双臂向一个方向摆动，即两手从腹前摆起，手心朝上，同时向一侧摆动，两手臂之间保持一定的距离。

（4）斜摆式手势。请乘客就座时，手应伸向座位所在的地方。手从身体的一侧抬起，抬到高于腰部后，再向下摆去，使大小臂形成一条直线，掌心向前。

（5）直臂式手势。需要给乘客指引方向时或做"请往前走"的手势时，采用直臂式手势。其动作要领是：将右手由前抬到与肩同高的位置，前臂伸直，用手指向乘客要去的方向。一般男士使用这个动作较多。需要注意的是，指引方向时不可用一根手指指出，那样会显得不礼貌。

二、民航服务人员仪表礼仪

（一）职业着装应遵循的基本原则

服饰是人们审美的一个重要方面，服饰的大方与整洁有一种无形的魅力，它能反映一个人多方面的素养。人们初次见面开口说话之前，往往先从服饰来判断对方的地位、品位以及气质。"服饰是一个人的名片和徽章"，这句话虽有夸大的成分，但足以说明服饰对社交活动的重要影响。因此，在社交场合，一个人的服饰可以直接影响别人对这个人形象的评价。正如意大利著名影星索菲亚·罗兰所说："你的服饰往往表明你是哪一类人，它们代表着你的个性。一个和你会面的人会不自觉地根据你的衣着来判断你的为人。"大文豪莎士比亚则强调："服饰可以表现人格。"

服饰是一种文化、一种"语言"，是影响人际交往中"首因效应"的重要因素之一。在生活节奏如此之快的今天，人们之间通常没有时间进行心与心的深入交流，第一次见面往往就决定了彼此是否有继续深入交往的可能。而在第一次见面中，衣着是最具影响力的一环。它能透露出一个人的生活水平、身份、地位、品位，甚至性格和爱好。

服饰在一定程度上体现着社会的精神风貌，反映着社会的等级差异与角色分工，同时也充当着礼仪的工具。服饰能够体现一个人的社会生活和文化素养，得体的服饰能使人具有一种无形的魅力。在职场上，人们首先考虑的是服饰的社会性作用，而不是装饰性作用。

着装最基本的原则是要保持衣服的整洁，即使是最新款的服装，若不够整洁，都将大大影响穿着者的仪容。无论是工装还是便服，都应以整齐清洁为准则。另外，还要遵循以下原则。

1. TPO 原则

TPO 是三个英语单词的缩写，它们分别代表时间（Time）、地点（Place）和场合（Occasion），即着装应该与所处的时间、地点以及场合相协调。TPO 原则是国际上公认的穿衣原则。

（1）时间原则。该原则所指的时间涵盖每一天的早间、午间和晚间这三个时间段，也包括春、夏、秋、冬四个季节以及不同的时期、时段。因此，人们在着装时应考虑到时间因素，做到随时更衣。例如，冬天要穿保暖、御寒的冬装；夏天要穿吸汗、凉爽的夏装。再如，长袍马褂是清代男子最典型的服饰，但如果在今天，有人穿着它走在大街上，那就不符合时代特征了。民航服务人员的着装既不能过于超前，也不能过于落后。

（2）地点原则。从地点上讲，无论置身室内或室外，驻足于闹市或乡村，停留在国内或国外，还是身处于单位或家中，在这些不同的地点，着装的款式理当有所不同，切不可采用以不变应万变的方式。在特定的环境中应配以与之相适应、相协调的服饰，以获得视觉与心理上的和谐感。例如，穿泳装出现在海滨浴场，是人们司空见惯的，但若是穿着它去上班、逛街，则令人哗然；西装革履地步入金碧辉煌的高级酒店会产生一种人境两相宜的效果，而若出现在大排档，便会使人感觉极不协调、反差强烈；在静谧肃穆的办公室里穿随意性极强的休闲装和拖鞋，或者在绿草如茵的运动场穿挺括的西装和皮鞋，都会因环境的特点与服饰的特性不协调，而显得人境两不宜。

（3）场合原则。衣着要与场合协调。例如，在与顾客会谈、参加正式会议等场合，衣着应庄重考究；听音乐会或欣赏芭蕾舞表演时，女性应按惯例着正装；出席正式宴会时，则应穿中国的传统旗袍或西方的长裙晚礼服；而在朋友聚会、郊游等场合，着装应轻便舒适。试想一下，如果朋友聚会时大家都穿便装，你却穿礼服就会显得过于庄重、格格不入；同样地，如果以便装出席正式宴会，不但是对宴会主人的不尊重，而且会令自己尴尬。人们早间在家中和户外的活动居多，无论是外出跑步、做操，还是在家里盥洗、用餐，着装都应以方便、随意为宜，例如，选择运动服、休闲服等。

2. 协调原则

协调原则即着装要与身份、个性、体型、肤色协调。

（1）配合身份与个性

着装既要符合自己的身份，也要符合对方的身份，这样有助于彼此的沟通。另外，着装也要符合自身的气质。

（2）配合体型

衣不合体会给人留下滑稽的印象，每个人都应了解自己体型的优点和缺点，从而选择适宜自己体型特点的服装。

1）体型肥胖的人：不宜穿色彩太艳丽或带大花纹、横纹等图案的服饰，否则会显得更加肥胖。宜穿深色、冷色的带小花纹、直线纹的服饰，会显清瘦一些。

2）体型偏瘦高的人：宜穿浅色横条纹或有大方格、圆圈等图案的服饰，在视觉上来增加体型的横宽感。同时，可选用红、橙、黄等暖色的服饰加以搭配，使之看上去健壮、丰满匀称一些。

3）体型偏矮小的人：尽量少穿或不穿色彩过重或纯黑色的服饰，免得在视觉上造成缩小的感觉。不要穿鲜艳大花图案和宽格条的服饰，应该挑选素净色和长条纹服饰。

4）体型太大的人：这里所说的"体型太大"，指的是身体高度与宽度都超过标准体型的人。这种体型不宜穿着颜色浅且鲜艳的服饰，最好不穿大花格图案的服饰，而选择小花隐纹面料的服饰，主要是避免造成扩张感，使形体在视觉上显得更大。

（3）配合肤色

1）白皙皮肤：肤色白皙者，适合穿各种颜色的衣服。大部分颜色都能令白皙的皮肤更亮丽动人，在众多色系当中，尤以黄色系与蓝色系最能突出皮肤洁白，使人整体显得明艳照人。

2）淡黄或偏黄皮肤：皮肤偏黄的人宜穿蓝色调服装，酒红、淡紫、紫蓝等色彩能令面容看起来更白皙，但强烈的黄色系如褐色、橘红等则会令面色显得更加暗淡无光。

3）肤色较黑：可以选一些比较明亮的颜色，如浅黄、鱼肚白、粉白等色，以强化肌肤的美感。

（二）男士正装的穿着礼仪

1. 制服

制服是由企业统一制作，并要求具体部门、职务或级别的公司员工统一穿着的服装。简言之，所谓制服是指有规定式样的服装。由于制服体现着企业的形象，反映着企业的规范化程度，所以企业员工对此绝对不可以马虎大意。穿着制服最重要的一个禁忌，就是不允许制服与便服混穿、随意搭配。

2. 西服

西服是一种源自西方的、由两件套或者三件套组成的，采用统一面料、统一色彩、规范化的正式场合穿着的服装。西服的扣子有单排扣和双排扣之分，穿着单排扣西服时应注意最下面的那粒扣子永远不系，不管是两粒扣、三粒扣还是四粒扣的西服都是如此。双排扣西服一般扣子都要系上，只有坐下时，才将最下边的扣子解开，以防止服装"扭曲走样"。穿着三件套的西服时，马甲无论是单穿还是同西服搭配着穿，都必须把所有的扣子都系上。

民航服务人员必须了解衬衫、领带、鞋袜和公文包等与西服组合搭配的基本常识，只有这样才能真正地穿出品味，彰显个人的职业素养以及所在企业的规范化程度。穿着西服讲究三色原则、三一定律和三大禁忌。

（1）三色原则。男士在正式场合穿着西服套装时，全身颜色必须限制在三种之内，否则就会显得不够庄重。

（2）三一定律。男士穿着西服套装时，身上三个部位——鞋子、腰带、公文包的色彩必须协调统一。最理想的选择是鞋子、腰带、公文包皆为黑色，色彩统一有助于提升穿着者的品位。还有一点值得注意，正式场合使用的腰带，以黑色皮革制品为佳，宽度一般不超过 3 厘米；公文包一般也以黑色皮革制品为宜，公文包中可以装文件、钱包、名片、手机、笔、本、钥匙等物品。

（3）三大禁忌。男士在正式场合穿着西服、套装时，不能出现以下三种错误：袖口上的商标没有拆；在正式场合穿着夹克打领带；在正式场合穿着西服套装时袜子出现了问题，如两只袜子颜色不统一，穿着尼龙袜或彩色袜子等。

3. 衬衣

衬衣只能穿一件。在正式场合穿的衬衣，应为白色、单色，且没有过多的图案，格子、条纹之类的衬衣尽量少穿，一般不要穿彩色衬衣。还要特别注意的是，长袖衬衣属于正装，短袖衬衣是休闲装，不宜用短袖衬衣来搭配西装。穿着长袖衬衣还有几个细节一定要注意。

（1）长袖衬衣里面穿内衣、背心的时候，应注意领型选择"U"形领或

"V"形领，不能让内衣或背心露出来。在不打领带时，衬衣最上面的扣子一般不扣紧。

（2）西服衬衣分为很多种类型，一般搭配西装的衬衣是扣领衬衣，还有窄领衬衣、阔领衬衣、立领衬衣、翼领衬衣。一般立领衬衣可以单独穿着，或者搭配休闲装，而翼领衬衣一般搭配蝴蝶结，并与燕尾服、礼服搭配穿着。

（3）在穿着衬衣的时候，衬衣的衣领应高于西服的衣领1～2厘米；衬衣的袖口应长于西装的袖口1～2厘米。

4．领带

领带被称为西装的"画龙点睛之笔"。凡是出席正式场合，穿西装都应系领带。

（1）领带的选择。用于正式场合的领带，要选用素色。其图案应规则、传统，最常见的有斜条、横条、竖条、圆点、方格以及规则的碎花，它们都有一定的寓意。

（2）领带的位置。穿西装上衣系好衣扣后，领带应处于西装上衣与内穿的衬衫之间。穿西装背心、羊毛衫、羊绒衫或者羊毛背心时，领带应处于它们与衬衫之间。不要让领带露出西装上衣之外。

（3）领带的系法。领带扎得好不好看，关键在于领带结打得如何。打领带结有三个技巧：其一，打得端正、挺括，外观上呈倒三角形；其二，在收紧领结时，有意在其下压出一个窝或一条沟，使其看起来美观、自然；其三，领带结的具体大小不可以太随意，应令其大体上与同时所穿的衬衫领子的大小成正比。穿立领衬衫时不宜打领带，穿翼领衬衫时适合扎蝴蝶结。

领带有六大结法：亚伯特王子结、浪漫结、四手结（单结）、简式结（马车夫结）、温莎结及十字结（半温莎结）。

1）亚伯特王子结。这种方法适用于扣领及尖领系列衬衫。

①将领带绕于颈上，窄的一边保持在身体右侧，宽的一边预留出较长的空间；②将宽的一边压在窄的一边的上面，用宽的一边围绕窄的一边绕一圈；③用宽的一边再围绕窄的一边绕一圈；④绕第二圈时，将两边贴合在一起，并环绕到领口成环形；⑤宽边从环形的下面穿过，再穿过其环绕形成的环形孔；⑥拉紧、拉直，整理成形。

2）浪漫结。这种方法适用于浪漫系列的领口及衬衫。

①将领带绕于颈上，窄的一边保持在身体左侧，将宽的一边预留出较长的空间，压向窄的一边呈交叉状；②将宽的一边从领口绕出来；③用宽的一

边围绕窄的一边一圈；④将宽的一边从领口绕出来；⑤让宽的一边从其环绕的这个圈中穿出；⑥拉紧、拉直，整理成型。

浪漫结完成后，将领结下方宽的一边压出褶皱可缩小其结型，也可将窄的一边往左右移动，使其小部分出现在宽的一边领带旁。

3）四手结（单结）。这是最容易上手的一种领带结法，适用于各种款式的衬衫及领带。

①将领带绕于颈上，窄的一边保持在身体右侧，将宽的一边压在窄的一边上面；②用宽的一边围绕窄的一边环绕一圈；③将宽的一边从领口的环形下面穿过；④将宽的一边穿过其环绕的环形孔；⑤拉紧、拉直，整理成型。

4）简式结（马车夫结）。这种方法适用于质料较厚的领带，最适合搭配标准式及扣式领口的衬衫。

①将领带绕于颈上，宽的一边保持在身体右侧，将窄的一边压向宽的一边；②将宽的一边以180°由上往下翻转；③将宽的一边围绕窄的一边环绕一圈；④将宽的一边穿过领口再从圈中穿过；⑤将褶叠处隐藏于后方，调整领带长度，整理成形。

5）温莎结。这是最正统的领带打法。因为温莎结的宽度比一般结型更宽，所以十分适合使用在意大利式领口（八字领）的衬衫上，常与丝质领带相互搭配。

①将领带绕于颈上，窄的一边保持在身体右侧，将宽的一边压向窄的一边后，在窄的一边的一侧将领口绕出来；②将宽的一边从后面绕回到宽的一侧；③将宽的一边绕过领口，从窄的一侧绕出来；④将宽的一边围绕窄的一边绕一圈，从领口绕出来；⑤让宽的一边从其最后环绕的圈中穿过；⑥拉紧、拉直，整理成形。

6）十字结（半温莎结）。这种方法十分优雅且罕见，其打法也比较复杂。使用细款领带较容易上手，最适合搭配浪漫的尖领及标准式领口系列衬衫。

①将领带绕于颈上，窄的一边保持在身体左侧，将宽的一边压向窄的一边；②在宽的一侧绕一圈；③宽的一边围着窄的一边再绕一圈；④让宽的一边从其环绕的圈中穿过；⑤拉紧、拉直，整理成形。

十字结和温莎结的共同点是窄的一边保持在身体一侧不动，宽的一边围着窄的一边绕，这样在打开时是活结而不是死结。

（4）领带的配饰。打领带时，可酌情使用领带佩饰。领带佩饰的作用首先是固定领带，其次是装饰。常见的领带佩饰有领带夹、领带针、领带棒。

领带夹应夹在衬衫从上往下数的第四粒和第五粒纽扣之间。

（5）领带的长度。成人日常所用的领带，通常长为 130～150 厘米。领带打好之后，外侧应略长于内侧。其标准长度应当是下端正好触及腰带扣的上端。不提倡在正式场合选用难以调节长度的"一拉得"领带或"一套得"领带。

（三）女士正装的穿着礼仪

1. 套裙

西装套裙简称套裙，是一种源自西方的传统女性服装，通常由上衣和裙子组成。上衣通常是单排扣或双排扣的外套，裙子有直筒裙、"A"字裙等不同款式。套裙把潇洒、刚健的西装上衣和柔美、雅致的裙子结合在一起，刚柔并济、相得益彰，凸显出女性的神秘韵味。在穿着西装套裙时应该注意以下三种着装规范。

（1）面料。一般在正式场合应该穿着高档面料的套裙，上衣和裙子一般要采用同一种质地、同一色彩的素色面料。衬衣一般要求轻薄而柔软，如真丝、麻纱面料的衬衣。

（2）色彩。西装套裙应以冷色调为主，这样可以体现出着装者的典雅、端庄与稳重。一套西装套裙的全部颜色一般不要超过三种。

（3）尺寸。女士套裙一般上衣不宜过长，下裙不宜过短。

2. 衬衫

白衬衫可以说是职业装的最佳搭档，以高雅、清新的风格成为白领丽人的必备单品。它的魅力在于以不变应万变的百搭风格。另外，还可搭配不同色系的腰带或丝巾，使平淡的白衬衫增添一种青春亮丽的亲和感。

3. 丝巾

常见的丝巾系法主要有以下两种。

（1）百折花。具体折法如下。

1）丝巾正面朝下平铺，对折成长方形。

2）沿着长边来回对折成大约 5 厘米的条状，开口边朝内且方向朝下。

3）直接佩戴于脖颈，用皮筋绑绕固定，将百折部分展开，可适当将身体右侧折花压住左侧，使百折花成为一体。

（2）侧牛仔结。具体折法如下。

1）丝巾正面朝下平铺，对角相折，丝巾正面可略微覆盖下层。

2）底边向上折起宽度约为 5 厘米，正反折两次。

3）拇指按住两边提起丝巾，佩戴时先将丝巾三角在左前胸固定，三角正好覆盖在扣子下第一个暗扣位置，脖后打结处暂时用手捏住，转到前面系成平结，最后再转回去整理好即可。

4. 鞋、袜子

与套裙配套的鞋子，宜为皮鞋，且以黑色为标准色，切忌穿着颜色鲜艳的鞋子。黑色、灰色、米色、咖啡色等中性色的鞋子，可与大多数颜色的服装相配，是女性上班族的最佳拍档。在严肃的工作场合中，露出脚趾的鞋款无疑会令自己的公众形象大打折扣，宜选择高跟、半高跟的船式皮鞋或盖式皮鞋，民航服务业女员工鞋跟不宜超过 5 厘米。

袜子的颜色以肉色、黑色、浅灰、浅棕为最佳，最好是单色。鞋、裙的色彩必须略深于或等同于袜子的色彩，并且鞋、袜的图案与装饰均不宜过多。要保证鞋袜完好无损，不可有破洞、勾丝。长筒袜和连裤袜是套裙的标准搭配。鞋袜不可当众脱下，也不可以让鞋袜处于半脱状态，袜口不可暴露在外，或不穿袜子。

（四）饰品搭配

饰品起着辅助、烘托、陪衬、美化服饰的作用。从审美的角度来看，它与服装、化妆一同被列为人们用以装饰、美化自身的三大方法。相较于服装，饰品常常起着画龙点睛的作用。

1. 饰品佩戴的原则

佩戴饰品时应遵循以下五个原则。

（1）数量原则。在数量上以少为佳，同时佩戴饰品数量不应超过三种，否则会给人凌乱之感，因此饰品选择要以简单为主。

（2）色彩原则。在色彩和质地上要力求同质同色，同时佩戴两件或两件以上饰品时，首先应考虑饰品是不是同一种质地，如果不能保证同一种质地，那么在色彩上最好保持一致。

（3）身份原则。佩戴的首饰要符合自己的职业身份。过于昂贵、耀眼的饰品是不适合出现在工作场合的。

（4）习俗原则。佩戴饰品要与民族信仰、风俗习惯相吻合，更要注意考虑他人对饰品的禁忌。

（5）扬长避短原则。选择饰品时应充分考虑自身的特点，使饰品能够突出自身的优点，弥补自身的缺点，进而起到协调整体的效果。例如，圆形脸的人不宜选用圆形和方形耳环。

2. 具体配饰要求

（1）戒指。戒指的种类繁多，材质不一，有黄金、白金、银、钻石、玉等，形状有方形、板戒、圆形等。在选择戒指时，要结合自身的特点，尤其应与手指的形状相符。例如，手指较短小或骨节比较突出的女性，应戴比较细小的戒指，款式最好是非对称式的，以便分散他人对手指形状的注意力；手指修长纤细的女性，可选择粗线条的款式，如方戒、钻戒，这样可使手指显得更加秀气；手掌较大的女性，要注意戒指的分量不要过小。在社交场合，男士一般只应佩戴结婚戒指，如对戒、钻戒等，不应佩戴时尚的装饰性戒指；女士一般只戴一枚戒指，最多一只手戴一枚。

（2）项链。项链种类繁多，通常在舞会、宴会等场合与服装搭配时多选用款式复杂的项链，在一般的社交场合，多选用款式简洁的项链。珍珠项链或带简单吊坠的白金项链是职业女性的最佳选择。

佩戴项链时，可以利用项链的长短、粗细来调节视觉感受，起到锦上添花的作用。项链的长短应与脖子成反比，项链的粗细应与脖子成正比。另外，项链的选择应考虑脸型的因素，圆脸和方脸的人，可选用较长的项链，以起到调和脸型视觉效果的作用；尖脸型的人，可选用细幅的项链，不宜过长。

（3）耳饰。耳饰有耳环、耳钉、耳链、耳坠等款式。在职业场合，不要佩戴造型款式夸张的耳饰，应该选择比较低调的耳钉或耳坠。佩戴耳饰时，必须成对使用，并且一只耳朵上只能佩戴一个耳饰，不能在一只耳朵上同时佩戴多个耳饰。另外，选择耳饰时应兼顾脸形，不要选择和脸型相似的耳饰造型，否则容易使得脸型的短处被强调夸大。

（4）手镯、手链。在职业场合，手镯、手链同样应选择简洁低调的款式。一只手腕不要同时佩戴多只手镯或手链，也不要既佩戴手表又佩戴手镯或手链。

（5）手表。职业人士佩戴手表一方面可准确把握时间，给人一种时间观念强、作风严谨的印象，另一方面手表也起到装饰的作用。在职业场合佩戴的手表，在造型上要庄重、正统，一般选择圆形、正方形、长方形和椭圆形为佳，切忌卡通、花朵、五角星等奇特造型；款式上要简单保守，不选用手链、手镯式手表，不可出现过多闪亮的装饰物；材质上最好选用金属材质，切不可选择塑料、橡胶、硅胶等材质；色彩上应选用单色或双色手表，要清晰高雅，黑色和银色手表是最理想的选择。在社交场合，特别是与人交谈时，不可过多地看手表，否则对方会认为你对交谈不耐烦，急于结束交谈。

（6）眼镜。一副质地优良、造型美观的眼镜既可以矫正视力、保护眼睛，还可以调节人们的脸型，掩饰面部的缺陷，并与服装相融合，构成独特效果，给人们平添几分文雅的气质和风度。在职业场合，眼镜是一种很重要的饰品。

人们在选择眼镜时，主要考虑自己的脸型特点。方脸型的人，尤其是男士总是给人以粗犷刚毅之感，他们适宜佩戴镜架较宽、镜片较大的方形眼镜，以强化稳健成熟的气质美；圆脸型的人，宜选择与眉毛齐平的平框、方形、中等大小的眼镜，以方形眼镜来调节圆形脸，体现刚柔并济的美感，千万不可选择圆形眼镜，以免给人以大圆套小圆的感觉；长脸型的人，宜选择色调较深、不透明的宽边方形或圆形眼镜，造成眼镜上部脸庞的隔断效果，以调节脸型长度，增加视觉美感。鼻梁细窄的人，宜选择较为透明的镜架；鼻梁宽扁的人应选择深色镜架；鼻梁偏低的人适于高鼻架的镜架。

在职业场合，眼镜的选择应符合职业身份，简单大方。镜框的颜色通常选用黑色、银色或金色，不可选用红色、粉色、蓝色等时尚色；镜片的形状以长方形、椭圆形为佳，切不可选用正圆形；镜片的颜色应是透明色，不宜选用有色的镜片，正式场合禁止佩戴墨镜。

（五）民航服务人员制服着装礼仪

1. 民航制服穿着要求

制服在服务形象中发挥着重要的作用，穿着得体的制服，不仅可以体现出个人积极饱满的工作状态和礼仪修养，更是对服务对象的基本尊重和礼貌。民航制服一般分为春秋装、夏装、冬装，以满足不同季节的需求，不同岗位制服的设计充分体现了岗位的工作内容、特点和环境，在方便员工工作的同时又不失美观，以及展示企业特有的精神风貌。民航服务人员穿着制服时应注意以下几点要求。

（1）保持干净。穿着制服，必须努力使之保持干净的状态，必须无异味、无异物、无异色、无异迹。制服要及时更换和清洗，尤其要注意领口与袖口不能有污渍，与制服配套穿着的内衣、衬衫、鞋袜等也应定期进行换洗。

（2）保持平整。穿着制服，应注意保持制服的挺括、平整。为了防止制服产生褶皱，可适当采取一些小措施。例如，洗净之后的制服要熨烫平整；脱下来的制服不要随手乱放，应当叠好或垂直悬挂；穿着制服时，不乱靠、倚、坐，以防出现皱痕。

（3）保证无损。穿着制服前应检查制服是否有开线、磨毛、破损、纽扣丢失等现象，如存在以上问题应处理好之后再穿，并且不可露出缝补的痕迹，若出现严重破损应及时更换制服。

（4）大小合适。制服的穿着讲究合体，过宽、过紧、过长、过短都将影响美观。制服尺寸讲究"四长"，即袖至手腕、衣至虎口、裤至脚面、裙到膝盖；"四围"，即领围以插入一指大小为宜，上衣的胸围、腰围、裤和裙的臀围以穿一套羊毛衣裤的松紧为宜。

2. 民航制服穿着规范

民航服务人员穿着制服要做到整齐、清洁、挺括、大方、美观、得体。具体应做到以下几点。

（1）穿衬衫时，必须将衬衫下摆束入裙子或裤子里。

（2）长袖衬衣袖口不能卷起，袖口的纽扣要扣好。

（3）佩戴帽子时，帽子应戴在眉毛上方1～2指处。

（4）裤子应熨烫平整，不可将裤腿挽起。

（5）提供餐饮服务时穿戴围裙，并保持围裙整洁。

（6）穿着大衣时必须扣好纽扣、系好腰带。

（7）工作证佩戴在衬衫、制服的胸前侧，正面向外，必须使用企业配发的挂绳。

（8）衣、裤口袋不可放过多物品。

（9）皮带、裤腰不可挂手机、钥匙等物品。

（10）保持袜子无破损。

（11）穿着黑色工作皮鞋，保持皮鞋光亮无损。

3. 饰物使用规范

民航服务人员在穿着制服时，应尽量减少饰品的使用，饰品款式应朴实端庄，有碍服务工作的以及炫耀财力的饰物不戴。

（1）帽子。帽子应与相应服装配套，着春秋、冬装制服送客时，必须戴帽子。帽徽端正，正对鼻梁，帽檐不遮眉，在眉上方的1～2指处。

（2）姓名牌。民航服务人员应佩戴统一发放的工作名牌；姓名牌必须字迹清楚、无破损；穿着制服外套、马甲时必须佩戴名牌；名牌佩戴于左胸上侧，距肩线15厘米且居中。

（3）丝巾。丝巾是民航制服的重要装饰物，民航企业根据自身制服搭配相应的丝巾，使用丝巾时要保持丝巾干净平整、颜色鲜艳，丝巾的系法有企业规定的样式和标准。不允许出现丝巾褶皱、破烂、有污渍，以及佩戴方向错误、不整齐等状况。

（4）登机证。穿大衣时，登机证挂在大衣领外，自然下垂，正面朝外。穿制服时，登机证挂在制服衬衫衣领内，自然下垂，正面朝外。

（5）手表。民航服务人员工作时可以佩戴一块款式简单、正统的手表。要求表盘有明显刻度，三针齐全，可选择金色、银色的金属材质表带或黑色、棕色的皮质表带，宽度不得超过 2 厘米。表盘不可过大。禁止佩戴怀表、电子表、卡通表、手镯式等新潮夸张的手表。

（6）耳饰。女性员工允许佩戴一副款式简单、直径不超过 3 毫米的金或银耳钉。不可仅在一只耳朵上佩戴耳钉，也不可在一只耳朵上同时佩戴多只耳钉，不得佩戴耳环、耳坠、耳链。男性员工禁止佩戴耳饰。

（7）戒指。民航服务人员工作时允许佩戴一枚款式简单且宽度镶嵌物的直径不超过 5 毫米的戒指，并且只能佩戴在中指或无名指上。不允许佩戴花戒。

（8）项链。女性员工允许佩戴一条金或银、宽度不超过 3 毫米的项链，项链上的坠饰物不可太过夸张，坠饰要放在衬衣里面。

（9）飞行箱包。飞行箱包包括小背包、小拉箱，执行任务时必须携带统一发放的男女乘务员箱包。箱包外不得有装饰物、贴画等。应保持箱包外观的清洁。小背包不得斜背于肩上。

第五章　民航职业语言素养

第一节　语言概述

一、语言素养的重要性

（一）语言是人类最重要的交际工具

在社交活动中，语言是最能表达情意、传递信息的工具，只有很好地利用语言，社交活动才能顺利进行。人与人之间的交往，大多数是从彼此的交谈开始的。人与人之间相互沟通凭借的符号系统有很多，比如，以琴、棋、书、画、诗文会友，但是，人们在沟通中，语言符号的利用率是居首位的。语言是民族性的重要特征之一，人们借助语言保存和传递人类文明的成果。

（二）语言是个人思想的外化

俗话说："言为心声。"语言美是内在品格的自然流露，是心灵美的外化表现。一个人的内在包括思想、道德、人格、情感、知识、审美心理等，总要借助语言表现出来，同样，一个人的语言也是其内心活动的表现。俗话说："一句话能把人说跳，一句话也能把人说笑。"语言是思想的衣裳，它可以表现出一个人的素养。

（三）语言是单位管理水平的反映

工作人员规范的礼貌用语直接反映单位的服务质量和管理水平。工作人员能否使用文明礼貌用语并热情接待客人十分重要。如能讲究语言艺术，并能灵活巧妙地运用语言，即使出现意外，也可弥补不足，取得良好的效果。

（四）语言能力决定发展潜力

在现代社会，由于经济的迅猛发展，人们之间的交往日益频繁，语言表达能力的重要性也日益增强，好口才越来越被认为是现代人的必备能力。作为现代人，我们不仅要有新的、正确的思想和见解，还要在别人面前很好地表达出来；不仅要用自己的行为对社会做贡献，还要用自己的语言去感染、说服别人。就职业而言，现代社会各行各业的人都需要有口才，例如，商业工作者推销商品、招徕顾客，企业家经营管理企业，都需要口才。在人们的日常交往中，具有口才天赋的人能把平淡的话题讲得非常吸引人，而口笨嘴拙的人就算讲的话题、内容很好，人们听起来也会感觉索然无味。有些建议，口才好的人一说就通过了，而口才不好的人即使说很多次还是无法通过。

美国医药学会的前会长大卫·奥门博士曾经说过："我们应该尽力培养出一种能力，让别人能够进入我们的脑海和心灵，把自己的思想和意念传递给别人。在我们这样努力去做而不断进步时，便会发觉，真正的自我正在人们心目中塑造一种前所未有的形象，产生前所未有的影响。"总之，提高语言能力是我们提高素质、开发潜力的主要途径，是我们驾驭人生、改造生活、追求事业成功的必要手段。

二、声音美

（一）音量适度

说话时音量要适度，以客人听清楚为准，轻声总比提高嗓门让人感到悦耳，切忌大声说话，惊扰四座。当需要说话给周围多个人听时，其音量只要大到让他们听清即可，当然，声音也不宜太低或太轻，以免显得不够大方自信。

（二）语调柔和

动听的噪声和语调可以增加语言的感染力与吸引力。一个人的嗓音是由其本身先天条件决定的，但也不能忽视后天的训练。若是能认真注意并随时调整自己的嗓音，就能起到增强语言的感染力和吸引力的作用。

（三）语速适中

语速要适中，讲话速度不要过快，避免连珠炮式地讲话，应该尽可能做到娓娓道来，这不仅能给他人留下稳重、可靠的印象，还能给自己留下思考的时间。

（四）抑扬顿挫

讲话时应注意音调的高低起伏，语调要婉转、抑扬顿挫，兼具情感，令人愉快；增强讲话效果，避免过于呆板的音调，以免让人感觉沉闷、机械、缺乏感情。

（五）吐字清晰

讲话时应该尽力避免口吃、咬舌或吐字不清的问题。口齿不清者，可以把讲话的速度尽量放慢，若语速过快，往往会使口齿不清的问题更加突出。

（六）运用声音的具体要求

（1）声调：应采用柔和、亲切的声调，显得有朝气，且便于控制音量和语气。

（2）音量：正常情况下，应视客户音量而定。

（3）语气：轻柔，但非嗲声嗲气。

（4）语速：适中，每分钟应保持在 120 个字左右。

总之，语言应或庄重、或雅洁、或幽默生动，避免枯燥乏味与刻板教条式。

三、语言美

（一）用语文明

1. 多使用"五声十字"礼貌用语

讲话时要尊重别人，多用"五声十字"礼貌用语，如"您好""请""谢谢""对不起""再见"等。

2. 多使用"六请一谢"礼貌用语

"请""请进""里边请""请坐""请带好随身物品""请慢走""谢谢您的光临，欢迎您下次再来"。要求"请"字在前，"谢"字在后。

3. 用语文明的要求

（1）和气

心态上保持心平气和，态度上和蔼可亲，语气上温和亲切，做到以理服人，不强词夺理，保持语言的纯洁性、亲切性。

（2）文雅

说话措辞应文雅，应对得体，运用礼貌语言、谦辞、雅语，让人感到"良言一句三冬暖"，落落大方，文质彬彬，显示出民航服务人员的涵养。

（3）谦逊

尊重他人，不傲慢，不冷淡，不盛气凌人，不狂妄自大，态度诚恳，语言朴实，虚心谦恭。

（4）与客人交谈"五不讲"

1）有伤客人自尊的话不讲。

2）责怪、挖苦客人的话不讲。

3）粗话、脏话、无理话不讲。

4）与工作、服务无关的话不讲。

5）指责同事或单位的话不讲。

（二）准确使用称呼用语

对男士一般称"先生"，对女性一般称"女士"。

（三）灵活运用问候用语

问候语是指在社交场合或接待宾客时，根据时间、场合和对象的不同，所使用的规范化的问候用语。

按每天不同的时刻问候客人，例如，"您早""您好""早上好""下午好""晚上好"。

根据工作情况的需要，在使用上述问候语的同时，最好紧跟其他礼貌用语，如"先生，您好，您有什么吩咐吗"，这样会使客人倍感亲切。

向客人道别或送行时，可说"晚安""再见""明天见"等。

（四）学会使用应答用语

（1）对前来的客人说："您好，请问您在找什么人吗""您好，我能为您做什么""请问，能帮您什么忙"等。

（2）引领客人时说："请跟我来""这边请""里边请""请上楼"等。

（3）接受客人吩咐时说："好，明白了""好，马上就来""好，听清楚了，请您放心"等。

（4）听不清或未听懂客人问话时应说："对不起，请您再说一遍""很对不起，我还没听清，请重复一遍，好吗"等。

（5）不能立即接待客人时应说："对不起，请您稍候""请稍等一下""麻烦您等一下"等。

（6）对等候的客人，打招呼时说："对不起，让您久等了"等。

（7）接待失误或给客人添麻烦时应说："实在对不起，给您添麻烦了""对不起，员工疏忽了，今后一定注意避免发生这类事，请再次光临指导"等。

（8）有事要问客人时应说："对不起，我能不能问一个问题""对不起，如果不麻烦的话，我想问一件事"等。

（9）当客人误解致歉时应说："没关系""这算不了什么"等。

（10）当客人赞扬时应说："谢谢，过奖了，不敢当""承蒙夸奖，谢谢您了""谢谢您的夸奖，这是我应该做的"等。

（11）当客人提出过分或无理要求时应说："这恐怕不行吧""很抱歉，我无法满足您的这种要求""这件事我要同主管商量一下"等，此时，员工要沉稳冷静，表现出专业素养。

（12）客人来电话时应说："您好，这里是××单位，请讲""我能为您做什么"，当铃响过3遍才接电话时应先说："对不起，让您久等了。"

（五）语言选择

（1）根据客户的语言习惯，正确使用普通话或方言。对于外宾，应使用简单的英语。

（2）在解答客户疑难问题时，要用简单易懂的语言，尽量不使用专业术语。

（3）当着客户的面询问其他同事问题时，应使用客户能听懂的语言。

（六）运用语言的要求

1. 言之有礼

讲话时要尊重别人，多用"五声十字""六请一谢"等礼貌用语，巧用礼貌语言和谦语、雅语。例如，与好久未见面的人见面时应说"久违"，与不相识的人初次见面时应说"久仰"，有了过失请求时原谅应说"请包涵"，请人帮忙时应说"劳驾"，有事找别人商量时应说"打扰"，请人勿远送时应说"请留步"，请人指点行为时应说"有不对的地方请指教"，不能陪客人时应说"失陪"，送还物品叫"奉还"，陪同朋友叫"奉陪"，影响别人工作和休息时应说"打扰了"，当别人表示谢意时应回答"别客气"。另外，在谈话中不应使用命令式的词语。

2. 言之有理

"有理走遍天下，无理寸步难行。"说话时应做到以理服人，不要强词夺理。

3. 言之有诚

（1）说话谦逊

尊重他人，不盛气凌人，要虚心谦恭。

（2）准确使用称呼语

在涉外场合，正确使用称呼非常重要，切忌使用"喂"来招呼宾客，即使距离宾客较远时，也应该使用敬称。例如，在英国、德国等国家，人们对自己的头衔非常看重，如对方有博士学位，在称呼时一定不能省略。即使对称呼较为随便的美国人，在不熟悉对方身份、职业的情况下，最好称其为"××先生""××夫人""××小姐"。否则，会伤害对方的感情，或者会被对方认为缺乏素养。总之，在称呼上要多加学习研究，善于正确使用适宜的称呼，以免造成误会。

由于各国社会制度不一、民族语言各异、风俗习惯相差很大，因此在称呼上要多加注意。还应对各国及各民族的姓名组成和排列顺序有一定的了解，这是称呼礼节中不可忽略的一个重要方面。

4. 言之有物

语言要简洁精练、通俗易懂，使听者在较短的时间内获取较多有用的信息。列宁提倡讲短话，主张讲话要挤掉水分，越简短越好。美国前总统林肯有一个嗜好，他经常花几个小时去思考一件事情，当他想清楚之后，还要在思索出的三句话中，挑一句最好的说出来。讲短话并不是目的，目的是要管用，要让听者听进去，受到启发和教益。

5. 言之得体

谈话时运用得体的语言，既能创造和谐的气氛，又能明确表达自己的主张和观点，维护自己的立场。例如，周恩来总理在谈到中日关系时曾引用一句中国的俗语："前事不忘，后事之师。"这既显得大度不失友好，又明确暗示了中日历史及未来的原则立场。短短一句话，成功地营造了一种良好的气氛，使双方的心理距离得以缩短。

6. 言之有术

讲话要具有艺术性。那些口才高手在谈话时用得最多、最有效的手段就是充分利用语言的艺术性，因为富有文采的语言既能创造和谐的气氛，又能明确地表述自己的主张和观点，维护自己的立场。口才高手讲话都有分寸，能顾及他人的感受，不伤害他人。俗话说："话多不如话少，话少不如话好。"说贴心的话，站在对方的立场去说话，说话掌握技巧很重要。

社交语言需要用讲话者和听话者双方都习惯且共同感兴趣的"大白话"来表达，这样才容易沟通感情、交流思想。若追求华丽新奇、过分雕琢的语言，听者就会认为这是在炫耀文采，从而对讲话者的话有反感情绪。

7．说好普通话

说好普通话是职业语言规范化的需要，是听、说双方思想交流的基础，是提高信息效用的保证，有利于增进人际关系。讲好普通话，是职业人员必备的基本素养。

（七）服务忌语

（1）不行。

（2）不知道。

（3）找领导去；您找我，也没用；要解决就找领导去。

（4）您懂不懂。

（5）不知道就别说了。

（6）这是规定，不行；不能退就是不能退，没有为什么，这是规矩。

（7）没到上班时间，急什么。

（8）着什么急，没看见我正忙着。

（9）墙上贴着呢，自己看。

（10）有意见，投诉去吧；您可以投诉，尽管去投诉好了。

（11）刚才不是和您说过了吗，怎么还问；不是告诉您了，怎么还不明白。

（12）您想好了没有，快点。

（13）快下班了，明天再来。

（14）我就这态度，不满意到别处问。

（15）干什么，快点；有什么事快说。

（16）挤什么挤，后面等着去。

（17）你问我，我问谁。

（18）我解决不了。

（19）交钱，快点。

（20）没零钱，自己换去。

（八）学习语言的途径

1. 博采口语

语言的天才存在于人民群众中，我们要在生活里向人民群众学习语言。生活是语言最丰富的源泉，要使自己的生活丰富起来，就要拒绝做一个闭目塞听的人。学习语言还要多看，即勤于观察、体验，真正熟悉自己的工作内容和服务对象，而不是生搬硬套现成的词语和工作条例。

2. 多读中外名著

"熟读唐诗三百首，不会写诗也会吟"的经验之谈，是大家所熟悉的。它告诉人们学习口头语言，提高口才技巧，就应多读名著。对其中语言的精妙之处要细细品味、反复揣摩、持之以恒、勤记善想，等到自己用的时候，精美的语言便会源源而来。

3. 掌握丰富的知识

知识贫乏是造成语言贫乏，特别是词汇贫乏的一个重要原因。掌握丰富的知识和学习语言是紧密结合在一起的。

第二节　民航职业语言

一、言谈礼仪

（一）在交谈中应把握的细节

在交谈中，语言必须准确，否则不利于双方之间的沟通。应注意以下四个方面的问题。

1. 发音要准确

准确的语言表达就是要把意思准确无误地表达出来，做到吐字清晰、措辞准确、发音正确。读错字、念错字或是口齿不清、含含糊糊都会影响语言信息的传达，而且有失身份。在公共场合交谈时，应用标准的普通话，不能用方言、土话，这也是尊重听者的表现。无外宾在场时，最好慎用外语，否则会有卖弄之嫌。

2. 措辞要谦逊

在交谈中，说话的语气一定要做到亲切，措辞要谦逊，要平等待人，切忌随便教训、指责别人。措辞的谦逊文雅体现在两个方面：其一，对他人多用敬语；其二，对自己则用谦语。敬语与谦语是相对的。因为一个会尊重他人的人必然是自谦的；反之，一个狂妄自大的人，也很难尊重别人。常用的敬语有"请""您""阁下""尊夫人""贵方"等。"请您稍候""请帮我一下""请多关照""请留步"这些话中的"请"字不是多余的，而是包含着谦虚、尊重对方的意思，尤其是用在指令性的句子中会显得分外有礼貌，不生硬，有调节语气的作用。

敬语是表示恭敬和敬仰的词语，在使用时应注意下列三点。

（1）适用场合。敬语主要用于四种场合：一是正规的社交场合；二是会议、谈判等公务场合；三是和师长或身份、地位较高的人交谈时；四是和陌生人打交道的时候。

（2）根据不同对象使用不同敬语。敬语的使用要有针对性，要先看对象，然后选用恰当的敬语。例如，想问一位中国长者的年龄就可以说："您老高寿？""请问您老多大年纪了？"听到这类问话的长者通常都会高兴地回答，因为这类问话很有礼貌。但是，如果直接去问一个外国人的年龄，对方通常会很不愉快，认为这不礼貌。如果需要问外宾年龄时，应面带微笑，客客气气地说："××先生，我可以问一问您的年龄吗？"如果外宾不介意说出自己的年龄，则会马上回答。反之，对方则会回避这个问题，这时就不要再追问。问询外国女士的年龄时更要谨慎。

（3）"要心有所存，才口有所言。"尊重他人就是尊重自己，你敬人一尺，人才会敬你一丈。只有在一个相互尊重的环境里，人们才会更好地和睦相处。

谦语亦称"谦辞"，与敬语相对，是向人表示谦恭和自谦的一种词语。使用谦语和敬语一样，两者都体现了说话者的修养。

在商务过程中，常用谦语、敬语会引起对方的好感，也显得自己很有修养。常用的谦敬语如下。

（1）称呼尊长可用老先生、老同志、老师傅、老领导、老首长、老伯、大叔、大娘等。

（2）称呼平辈可用老兄、老弟、先生、女士、小姐、贤弟、贤妹等。

（3）自谦可以用鄙人、在下、愚兄、晚生等。

（4）称姓名敬辞可用贵姓、尊姓大名、尊讳、芳名（对女性）等。

（5）称年龄敬辞可用高寿（对老人）、贵庚、尊庚、芳龄（对女性）等。

（6）住处可用府上、尊寓、尊府等。

（7）见解可用高见、高论等。

（8）身体可用贵体、玉体等。

（9）称朋友用敝友等。

（10）称住处用寒舍、舍下等。

（11）称自己的见解用愚见、拙见等。

（12）称年龄用虚度××。

以上谦语、敬语，比较固定而且常用，使用时，要感情真挚、发自内心，再辅以表情、眼神和手势，以增强表现力，使其发挥出更大的感染力量。

3. 态度要诚恳

谈话中要给对方以认真、和蔼、诚恳的感觉。因为说话的态度是决定谈话成功与否的重要因素。谈话时，交谈双方都互相观察并注意着对方的表情、神态，反应极为敏感，稍有不慎就会使谈话不欢而散或陷入僵局。当别人遇到不幸去看望安慰时，表情一定要同情、专注。别人有了成绩去祝贺时，表情就要真诚、热情、愉快。

4. 语言要礼貌

在交谈中多使用礼貌用语，是博得他人好感与体谅的最为简单易行的做法。礼貌用语简称礼貌语，是指约定俗成的表示谦虚恭敬的专门用语。

初次见面，要说"久仰"；许久不见，要说"久违"；客人到来，要说"光临"。

等待客人，要说"恭候"；探望别人，要说"拜访"；起身作别，要说"告辞"。

中途先走，要说"失陪"；请人别送，要说"留步"；请人批评，要说"请指教"。

请人指点，要说"赐教"；请人帮助，要说"劳驾"；托人办事，要说"拜托"。

麻烦别人，要说"打扰"；求人谅解，要说"包涵"。

在民航服务工作中，尤其有必要经常运用下述礼貌语。

（1）"您好"是一句表示问候的礼貌语。不论遇到相识者还是不相识者，不论是深入交谈，还是打个招呼，都应主动向对方先问一声"您好"。若对方先问候了自己，也要很快来回应对方。在有些地方，人们习惯以"你吃了饭没有""最近在忙什么""身体怎么样""一向可好"等来问候他人，但都没有"您好"简洁通行。

（2）"请"是一句请托礼貌语。在要求他人做某件事情时，居高临下不合适，低声下气、百般乞求也没有必要。在此情况下，用上一个"请"字，可以让对方感觉到被尊重，也能感觉到说话者的真诚、谦逊，也更愿意给予说话者充分的照应。

（3）"谢谢"是一句致谢的礼貌语。每逢获得理解、得到帮助、接受服务、受到礼遇之时，都应当立即向对方道一声"谢谢"。这样做，既是真诚地感激对方，又是对对方的一种积极肯定。

（4）"对不起"是一句道歉的礼貌语。当打扰、妨碍、影响了别人，或是在人际交往中给他人造成不便，甚至给对方造成某种程度的损失、伤害时，务必要及时向对方说一声"对不起"。这在很多时候能大事化小、小事化了，并且有助于修复双方关系。

（5）"再见"是一句道别的礼貌语。在交谈结束，与人作别之际，道上一句"再见"，可以表达惜别之意与恭敬之心。

（二）在交谈中应避免使用的语言

作为有教养的人，在交谈中，一定要使用文明语言，要杜绝有失身份的话"溜"出口。在交谈中，绝对不能用以下几种语言。

1. 粗话

口中吐出"老头儿""老太太""小妞"等称呼，是很失身份的。

2. 脏话

讲脏话非但不文明，而且有损自己的形象。

3. 黑话

黑话令人反感、厌恶。

4. 荤话

把绯闻、"荤段子"挂在口边，会显得趣味低级。

5. 怪话

说话怪声怪气、黑白颠倒，让人难生好感。

6. 气 话

说话时意气用事、发牢骚或指桑骂槐，很容易伤害人、得罪人。

二、民航服务人员声音礼仪

声音在语言中的地位相当重要。语言情感的语音表现主要集中在有声语言上，以声传意，以声传情。声音礼仪要求人们在讲话时要用有魅力的声音，给人以美的享受。

要使自己说话的声音充满魅力，起码要做到两点：第一，要在乎自己说话的声音。第二，坚持练习控制自己说话的声音，并且应从以下三个方面坚持不懈地努力。

1. 说话的音量要适度

（1）音量不宜过高。讲话时声音不宜过高，太高的音量容易让自己显得气势逼人，也容易让人反感。音量高到让人听清即可，明朗、低沉、愉快的语调最吸引人，所以语调偏高、音尖的人应该多加练习使自己的音调适当降低一些。

（2）音量不宜过低。声音太低、太轻让人听不清楚也不好，音量太低会使说话者显得不够权威，容易被人忽视。

2. 说话的语调要柔和

在社交场合中，一般以柔言谈吐为宜。在讲话时保持抑扬顿挫的音调，能让人觉得说话者对正在交谈的话题很有兴趣。尽可能避免粗鲁的对话，要以理服人，而不是以声、势压人，心平气和更能征服他人。也不能用平淡、乏味的声音来交谈，这会让人有昏昏欲睡的感觉。

语言美是心灵美的语言表现。"有善心，才有善言"，因此要掌握柔言谈吐，加强个人的思想修养和性格锻炼。

3. 说话的速度要适中

讲话时，要依据实际需要调整语速，讲话速度最好不要过快（特别是有分量的谈话内容），应尽可能娓娓道来，给他人留下稳健的印象，也给自己留下思考的时间。但说话也不能太慢，否则听话者很容易对谈话失去耐心。

三、民航服务人员的文明用语

对于以语言表达为主要服务方式的民航服务人员来说，加强与旅客之间的语言交流是十分必要的。认真掌握礼貌用语和禁忌用语是提高服务质量的关键。

民航服务礼貌用语可以分为如下八种。

1. 称谓语

称谓语有：小姐、先生、夫人、太太、女士、大姐、阿姨、同志、师傅、老师、大哥等。

这类语言的处理，有下列要求。

（1）恰如其分。

（2）清楚，亲切。

（3）在不确定的情况下，一般对男士称先生，对女士称小姐。

（4）灵活变通。

2. 征询语

确切地说，征询语就是征求意见或询问时的用语。例如，"小姐，您有什么吩咐吗？"征询语常常也是服务的一个重要程序，征询语运用不当，会使旅客感觉不愉快。

（1）注意客人的形体语言。例如，当旅客东张西望、从座位上站起来，或招手的时候，都是在用自己的肢体语言表示他有想法或者有需求了。这时服务员应该立即走过去说："先生/小姐，请问我能帮助您做点什么？""先生/小姐，您有什么吩咐？"

（2）用协商的口吻。经常将"这样可不可以？""您还满意吗？"之类的征询语加在句末，显得更加谦恭，服务工作也更容易得到客人的支持。

3. 拒绝语

使用拒绝语有下列要求。

（1）一般应该先肯定，后否定。

（2）客气委婉，而不是简单地拒绝。

例如，"您好，您的想法我们能理解，但恐怕这样会违反规定，给旅行安全带来影响，谢谢您的合作。"

4. 指示语

使用这类语言时有下列要求。

（1）避免命令式语言。命令式的语言会让客人感到尴尬和不高兴，甚至会引起争吵。如果使用"先生您有什么事让我来帮您，请您在座位上稍等，我马上就来好吗?"等征询对方意见或征求对方许可的语言,可能效果就会好得多。声音要有磁性,眼光要柔和。

(2)应该配合手势。有些服务人员在碰到客人询问地址时,仅用简单的语言提示,甚至挥挥手、努努嘴,这是很不礼貌的。正确的做法是运用明确和客气的指示语,并辅以准确的手势。在可能的情况下,还要主动给客人带路。

例如,"先生,请一直往前走!""先生,请随我来!"

5.道歉安慰语

民航服务人员每天接待的旅客不仅数量多,而且差别大。旅客来自四面八方,有着不同的职业、生活环境、教育背景、习惯和饮食口味,因而对服务的需求千差万别。民航服务人员即使十分注意和小心,也难免碰到各种无法预料的突发事件。面对各种突发事件导致的旅客不满及各种需求,民航服务人员要始终做到尊重客人,临辱不怒、沉着大度,以妙语应粗俗,以文雅对无礼,论理处事有理有节,如此矛盾自然会得到解决,同时也会赢得旅客对民航企业的理解和信任。

在实际服务工作中,民航服务人员不可能预见到每一种意外情况。所以,要善于处理因各种原因而导致的旅客抱怨,要根据具体情况灵活运用语言向旅客致歉并安慰旅客。不要与旅客争论、辩解,认真倾听旅客的不满,从同情和理解的角度出发,坦诚相待,不急不恼,不说过头话。要减轻旅客的不满情绪,有效避免产生矛盾或化解矛盾,从而使旅客对民航企业产生信任和感激之情。

例如,"很抱歉,航班由于天气原因延误了,我们会及时为您提供最新的消息。""对不起,您要的饮料供应完了,但您可以品尝一下×××饮料,这种饮料味道也不错。"

6.答谢语

旅客提出一些服务方面的意见,有的意见不一定提得对,这时有的服务人员就喜欢去争辩,这是不对的。不管旅客的意见对不对,我们都要表示感谢:"好的,谢谢您的好意!"或者"谢谢您的提醒!"客人有时高兴了会夸奖服务人员几句,服务人员也不能心安理得地接受,无动于衷,应该马上用答谢语给予回报。

7.特殊情况下的服务用语

例如,"请别让孩子在过道上走,飞机颠簸得厉害。""请按顺序排队。"

"对不起，这里是紧急出口，您的行李不能放在这里。"

8. 客舱内禁止使用的服务用语

禁止使用冷漠、斥责、不耐烦、命令式的语句。例如，"没看我正忙着吗，着什么急？""飞机又不是你家的，你想什么时候飞就什么时候飞。"

四、民航服务工作中的播音礼仪

民航服务工作中的播音包括公共广播和客舱广播。及时、有效的播音，可以体现服务人员的细心和周到。

（一）公共广播

1. 公共广播的礼仪要求

公共广播系统是机场航站楼重要的公共宣传媒介，是机场管理部门播放航空公司信息、特别公告、紧急通知等语言信息的重要手段，是旅客获取信息的主要途径之一，也是提高旅客服务质量的重要环节。

（1）播音时要保持微笑。旅客从声音里可以感受到播音员的笑容和发自内心的温暖。

（2）播音时情绪要饱满、振奋，声音要亲切悦耳。

（3）播音时语言要规范，采用统一的专业术语，语句通顺，措辞简明易懂，避免发生语义的混淆。我国播音用语应以汉语和英语为主，同一内容应使用普通话和英语两种以上语言对应播音，少数民族地区应增加民族语言对应播音。

（4）广播内容要准确，航班到达、延误或取消等信息应及时且反复进行广播。

（5）播音时音量要适度。适度的音量，往往表现得婉转、平稳，可让人倍感亲切，增强播音的感染力和吸引力。若音量过高，往往会显得生硬、粗暴，让旅客产生不舒适感。而音量过低，则又会显得有气无力、缺乏感染力，甚至还会令旅客产生被怠慢的感觉。

（6）播音时语速要适中。过快或过慢都会让旅客听起来费力。

（7）语调要生动，语言要灵活。根据需要，分出轻重缓急，分清抑扬顿挫，而且要根据不同内容传达出不同的思想感情。

2. 公共广播用语的主要内容

航班信息类播音是候机楼广播中最重要的部分，要求用语准确、逻辑严密、主题清晰。

（1）出港类广播用语包括三类：开始办理乘机手续类、催促登机类以及航班延误/取消类广播。

① 办理乘机手续类广播用语。

开始办理乘机手续通知

（语气热情而亲切）

前往××的旅客请注意：

您乘坐的×次航班现在开始办理乘机手续，请您到×号值机柜台办理。谢谢！

② 登机类广播用语。

催促登机通知

（语气温和中带着急切）

前往××的旅客请注意：

您乘坐的×次航班很快就要起飞了，还没有登机的旅客请马上由×号登机口上×号飞机。谢谢！

③ 航班延误/取消类广播用语。

航班延误/取消通知

（语气真诚亲切）

前往××的旅客请注意：

我们抱歉地通知您，您乘坐的×次航班由于航空管制的原因，决定取消今日飞行，请您改乘×次航班，起飞时间为×点×分。在此我们深表歉意。请您与×号不正常航班服务台工作人员联系，我们将为您妥善安排。谢谢！

（2）进港类广播用语包括五种：正常航班预告、延误航班预告、航班取消通知、航班到达通知和备降航班准备事项。进港类广播具体播音方法与出港类广播类似。

（二）客舱广播

1. 客舱广播的礼仪要求

客舱广播是为旅客服务的，按照性质包括服务和安全两个部分。服务方面主要是通过广播让旅客了解航班的航程、时间，途经的山脉、河流，相关服务项目等。安全方面，首先是正常的安全检查，在起飞和落地前都要广播提醒旅客；其次，如遇特殊情况和突发事件，都要通过广播让旅客了解。因此，播音员播音时的礼仪尤为重要。

（1）客舱内空间狭小，用内话系统播音时，声音要比使用地面广播系统时小一些，不要让旅客产生不舒服的感觉。

（2）迎送致辞要求语言清晰、亲切。

（3）客舱安全广播主要是对飞机上的安全注意事项进行介绍，如对氧气面罩、安全带、应急出口的使用与位置介绍等。要求语言庄重、规范、清晰流畅。航线及安全注意事项广播是客舱中最基本的播音内容，需要熟练掌握。

（4）风光导入类的播音要准确恰当、有代入感。因为部分乘坐飞机的旅客并不会经常乘坐同一航线的飞机，他们来自不同地区和国家，在飞行中很可能会对途经的地方感兴趣。因此客舱乘务人员还需要担任导游的角色，主动介绍途经的名胜古迹。

（5）特殊情况时播音要求镇定、自信。遇到气流飞机颠簸、飞机延误、备降等情况时，乘务员的播音一定要及时、自信、沉稳。语调平和的播音能够有效减轻旅客的恐慌心情。

（6）节日活动播音要讲究丰富多彩，语言要热情、具有感染力。

2. 客舱广播的主要内容

客航广播的主要内容是向全体旅客告知需要大家周知的事项。它包括欢迎词、安全演示解说词，以及发放耳机、提供餐食、起飞及降落广播词。此外，如遇到颠簸或水上、陆地紧急迫降等突发情况都有相应的广播词。不同服务内容的广播词不同。

（1）欢迎词（语气真诚、热情、友好，富有亲和力）

女士们、先生们：

欢迎您乘坐中国×航空公司×航班，本次航班由××飞往××。由××至××的飞行距离是×公里，预计空中飞行时间是×小时×分，飞行高度×米，飞行速度平均每小时×公里。

为了保障飞机导航及通信系统的正常工作，在飞机起飞和下降过程中，请不要使用手提式电脑；在整个过程中，请不要使用手提电话、遥控玩具、电子游戏机、激光唱机等电子设备。谢谢！

（2）安全检查及航线广播（语气轻松、友好中透露着严肃）

女士们、先生们：

很高兴与您相聚在××航空公司的班机上。飞机即将起飞，现在请您配合我们做好起飞前的安全确认工作。请您坐好并系好安全带，收起小桌板，调直座椅靠背。靠窗的旅客请将遮光板打开。

本次航班是由××飞往××，飞行距离为×公里，预计飞行时间×小时×分钟，我们将要飞经××，我们还要飞越××。感谢您和我们一起旅行，祝您旅途愉快。谢谢！

（3）紧急脱险广播词（语气沉着、冷静、干脆）

① 各位旅客：

我是本架飞机的乘务长，正如机长所述，飞机将在40分钟后进行陆地（水上）迫降。我们全体乘务员都受过良好的专业训练，有信心、有能力保证全体旅客的安全，请您听从乘务员的指挥。落地后，请迅速脱离飞机，撤离到安全地带。

② 各位旅客：

为了您的安全，请取下您随身携带的尖锐物品，如项链、钢笔、圆珠笔、手机等。请摘下领带，脱下高跟鞋和带钉子的鞋，把它们放在您的行李包内，或听从乘务员的指挥。

③ 各位旅客：

如果您是航空公司雇员、执法人员、消防员或军人的话，请与乘务员联络，我们需要您的协助。因撤离需要，我们将调整一些旅客的座位。

五、交谈话题的选择

在交谈中，话题的选择颇为重要。好的话题能使双方增进友谊，不好的话题则不利于双方的交流，甚至会引起别人的反感，使关系恶化。

1. 应选择的话题

选择一个大家都感兴趣的话题，围绕这个话题开始交谈是社交场合中常需要面对的问题。在公众场合，选择合适的话题才会显得不失礼。

很多话题都可能成为良好的谈资。只要在平时处处留心，就可以发现许多引人入胜的话题。

在交际场合中，与刚相识的人开始交谈是最不容易的，因为不熟悉对方的性格、爱好。这时宜从平淡处开口，而不要冒昧提出太深入或太特别的话题。最简单的是谈天气，或从当时的环境找寻话题。中国人有一个惯用的老方法，即询问对方的籍贯，从而引导对方详谈其家乡的风物。

2. 应避免的话题

交谈时我们可以随时注意观察人们的话题，分辨出哪些话题吸引人，而哪些话题不吸引人，以便在以后的交谈中找到合适的话题。与人交谈时应注意以下内容。

（1）不能打探、讨论对方的隐私，包括年龄、婚姻、健康状况、经历等。

（2）不能嘲笑其他人的糗事。

（3）不能谈论朋友的身体特征。

（4）禁止在社交场合讲黄色故事。

（5）禁止在别人不幸的时候讨论自己的好运气。

（6）不能在背后议论领导、同事、同行。

（7）不能谈论格调不高的话题。

（8）不能讨论令人不愉快的疾病详情。

（9）不宜提起令人生厌的虫子或动物（如臭虫、苍蝇）。

（10）不宜打听别人的收入与财产。

（11）不宜询问对方的年龄和婚姻状况。

（12）不要探听对方的隐私和忌讳。

（13）不要说出对方以往的过失或隐痛。

（14）不能对他人评头论足。

（15）不要谈论一些尚未确定的是非。

（16）不要提出男女之间的特殊关系话题。

（17）不宜说出个人恩怨和牢骚。

（18）不要炫耀自己的成就和得意之处。

（19）不利于宗教、民族团结的话题应该回避。

（20）不传播小道新闻或者不好的消息，比如车祸、灾难、犯罪等。

（21）不非议国家和政府。

（22）不涉及国家和行业秘密。

六、交谈技巧

在一切使人愉悦的艺术中，说话的艺术占第一位。它能使被钝化的感官获得新的乐趣。谈吐礼仪是通过优化语言来提高表达效果的。优化语言的具体方法可因人、因时、因地而异，其主要方法有委婉法、幽默法、模糊法和暗示法等。此外，也要学会倾听。

（一）委婉——含蓄、智慧之光

委婉是一种既温和婉转又能清晰明确地表达思想的谈话艺术。它的显著特点是"言在此而意在彼"，能够诱导对方去领会你的话，去寻找言外之意。从心理学的角度来看，不论是提出自己的看法还是劝说对方，委婉含蓄的表达都能比较好地保护对方心理上的自尊，使对方容易赞同、接受你的说法。

（二）幽默——机敏、文化、修养的象征

幽默是在一定的语言条件下，通过语言反常组合来实现的，幽默和语言礼仪在目的和功能上是一致的。

说到笑，人们自然会想到幽默。幽默是笑的催化剂，也是一个人智慧的表现。幽默充满着敏锐、机智、友善和诙谐，有喻世的讽刺，在会心的笑声中启人心智，让人在笑声中深入思考，感悟真谛。

有幽默感的人大都是知识修养高、机智、聪慧的人。要成为一个富有幽默感的人并不容易，要有自信、乐观、豁达、积极向上的性格，要有真诚善良、成人之美的品质和丰富渊博的知识。注意，幽默是生活中的调味品而非食物。幽默多一分便显得油滑，少一分则显得无趣。

（三）模糊——精明的交际语言

模糊性是语言的基本特征之一。自然语言中所使用的词有很多是模糊词，如汉语中的概数词"上下""左右""前后""多少""多日""多次"等，副词"马上""非常""刚刚""永远""略微"等，时间名词"拂晓""白天""黄昏""深夜""现在""过去"等，都是模糊词。

（四）暗示——批评与提醒的最佳选择

暗示是一种信号化的刺激，可以不公开地、隐蔽地给人以启示。从社会心理学角度来看，暗示是在无对抗的条件下用含蓄、间接的方法对人的心理和行为产生影响。暗示法是通过语言、行为或其他符号把自己的意向传递给他人，并引起反应的方法。暗示法可以通过人的语言、表情来施授，也可以通过情境（视觉符号、声音符号）施授。暗示法是交际语言中很有效的一种信息传递方法。

（五）在交谈中做一个倾听者

听别人说话似乎是很容易的事情，不过在现实生活中，这却是很多人最

容易忽略的。在听别人讲话时，我们要学会做一个好的倾听者，这也是社交礼仪的重要内容。倾听要注意以下技巧。

（1）要体察对方的感觉。一个人的感觉往往比他的思想更能引导他的行为。体察感觉，是指关注对方语言背后的情感，并通过语言、神态或动作表达对其情感的理解。

（2）要注意反馈。倾听别人的谈话要注意信息反馈，及时查证自己是否了解对方。你不妨这样说："不知我是否了解了你的话，你的意思是不是……"注意反馈不仅有助于清楚了解对方所要表达的内容，也有助于及时给予对方积极实际的帮助和建议。

（3）要抓住主要意思。善于倾听的人常常留意分析对方的表述中哪些内容是主要的，哪些是次要的，以便抓住对方语言背后的主要意思，避免造成误解。

（4）要关怀、了解、接受对方，鼓励或帮助对方寻求解决问题的途径。

（5）如果诉说者一开始情绪激动，很可能导致无法把事情说清楚，此种情况常见于女性诉说者。此时，如果倾听者是同性，拥抱和安抚对方都是很好的稳定对方情绪的方法。

（6）倾听时，目光专注柔和地看着对方，适时给出回应，比如，点头或发出"嗯"声，以表示你正在专心倾听。

（7）若有没有听懂或弄清楚的地方，要及时提出并沟通，以免造成误解。但不要喧宾夺主，更不要把话题扯开。

（8）要让诉说者放松，两个人都坐下来，并且处于同一高度上，面对面，距离比一般的社交距离稍近些比较好。

（9）有条件的话，待对方说完让其喝一点热茶或热牛奶，以使对方感受到被人关心的温暖，而且热饮也容易让人重新振作起来。

（10）无论对方说的事情在你看来多可笑幼稚，向你诉说都表示对你的信任。所以，不要嘲笑对方，也不要带着高姿态评点对方的事。

（11）倾听者要注意以下行为。

① 不能左顾右盼，目光必须集中在讲话者的身上。

② 不能频繁打断别人的讲话。

③ 不能心不在焉，一边保持手中的动作，一边听别人讲话是很不礼貌的行为。

④ 不能在听别人讲话时走神。

⑤ 不能在倾听时过于强硬地坚持自己的观点并与对方发生争执。

第三节 民航职业语言表达技巧

一、倾听的技巧

倾听是一种情感活动，也是一种能力，更是一门艺术。在服务工作中，倾听往往比讲话更为重要，在倾听时应该给予旅客充分的尊重、情感层面的关注和积极的回应，力求达到最佳的沟通效果。

1. 服务中倾听的重要性

（1）倾听是明确对方需求最简捷的途径。针对需求提供服务是提高服务效率的关键所在，而认真倾听是明确对方需求最直接、最简单的方式。服务人员应用耳、用心、用眼去"倾听"旅客的话语，从中识别出旅客的准确需求和潜在需求。

（2）倾听是对旅客表示尊重的有效方式。认真倾听旅客讲话，会让旅客产生被重视、被关注的感觉。

（3）倾听可以给旅客留下良好的印象。倾听是一个人素质的体现，专注地倾听旅客讲话，能使对方产生信赖和好感，从而拉近双方的距离，便于服务工作的开展。

（4）倾听可以满足旅客倾诉不满的需要。旅客在遇到不满时往往希望有人能够倾听其抱怨与倾诉。旅客的倾诉就是发泄情绪的一种方式，以正确的态度倾听旅客的抱怨是消除旅客不满情绪的重要方法之一。

2. 服务中有效倾听的要求

在服务工作中做到有效倾听要争取做到以下三点。

（1）能听懂：听清字句。倾听首先要做到听懂对方说的每一句话、每一个字，不能有遗漏。若未能听懂对方的话语，应礼貌询问直至清楚为止，切不可凭自己的经验来猜测对方讲话的内容。

（2）能听音：听弦外之音。倾听时，除了听清对方说话的内容，还应该注意倾听对方说话的语速、音量、语气以及语言的表达方式，这些都可能会传递出旅客的情感及需求。

（3）能观势：看神情态势。倾听的同时要注意观察说话者的表情、动作，从中看出旅客语言中没有表达出来的内容或潜在的需求。

3. 服务中倾听的技巧

（1）专心倾听。倾听旅客讲话时，应全神贯注，尽量消除外在和内在的干扰因素，创造一个舒适的环境并保持良好的身心状态。要让旅客知道你在专心倾听，使得旅客感受到被重视。在倾听的过程中应与旅客保持视线接触，身体稍稍向前倾，不可出现心不在焉的行为，例如，东张西望、常看手表、随意把玩物品等。

（2）不随意打断对方的讲话。让对方把话说完，不随意插话，是对对方的基本尊重。特别当旅客在表达不满时，千万不要随意打断并进行解释，应该让旅客将不满倾诉完再进行相应的解释，因为这时打断对方很容易进一步激化旅客不满情绪。

（3）适时地认同对方。服务中应带着同理心进行倾听，对对方的情感做到感同身受。因此，在倾听过程中，应适当地认同对方，可使用点头、微笑或认同的话语等方式，如"我非常理解您现在的感受""对的，是这样的""我们之前也收到过类似的建议""这真是个不错的主意"等。

（4）做必要的记录。通常，人们对瞬时记忆的保持能力是有限的，必要的话应该在倾听时做好记录。做记录的好处在于，一方面，可以帮助记忆，确保对说话者所说的内容充分了解，毫无遗漏；另一方面，通过记录，能给讲话者一种重视其讲话内容的印象，当停笔抬头望向讲话者时，又会对其产生一种鼓励其继续讲下去的作用。

（5）确认理解一致。在倾听过程中，应对旅客所说的内容进行总结陈述，对不清楚的部分进行询问或请求旅客解释，以确保理解一致。常用的语句有"刚才您说的是……，我理解得对吗？""我跟您确认一下信息，……，对吗？""我重复下您的信息，麻烦您确认是否有误……""您刚才提到的……，麻烦您能再说得具体一些吗？"等。

（6）将倾听与判断分开。倾听的过程中不要急于作出判断，这时候得出的结论往往是不够准确和全面的。应耐心听完所有的内容，了解完所有的细节，再进行相应的反馈。

二、提问的技巧

提问是服务语言的一项重要内容，在服务工作中要巧妙地运用提问，做到问得其所，问到所需。

1. 服务中提问的作用

（1）获取所需的信息。提问是获取信息最直接的方式，例如，"请问您的航班是从哪里到哪里的呢？""您对我们的处理是否满意呢？""请问您具体指的是哪个方面呢？"等。这类问题很有针对性，问题中通常至少包含一个典型的、常见的引导词，如"什么""谁""什么时候""是不是""怎么""会不会"等。

（2）表示对对方的重视。例如，"您看这样处理，您能接受吗？""这样的方式您还满意吗？""不知您是否觉得合适？"等，这类征询用语在服务语言中常被用在句末，以体现对旅客的重视，将主动权留给旅客。另外，一些服务性的提问也同样表达了对旅客的尊重，例如，见到旅客时主动询问："请问有什么可以帮到您的？"服务完成后还应再次询问："请问还有什么需要我帮忙的吗？"

（3）鼓励对方继续讲话。当觉得对方的话还没有说完，或者有些问题还不清楚，那么，可以用提问的形式鼓励对方继续讲下去。例如，"就这个问题，您还有什么想法吗？""您能将这个细节描述得再详细一些吗？"等，进而了解更详细的情况。

（4）确认是否理解正确。如果对对方话语的含义没有十足的把握，可用提问的方式进行确认，例如，"刚才您说的是……，我理解得对吗？""您的意思是……，对吗？"等。使用提问的方式进行确认，比让对方复述更为妥当。

（5）传递信息。有些问题表面上看起来似乎是为了取得自己希望的消息或答案，但事实上，是把自己的感受或已知的信息传达给了对方。例如，"您确定这是您本人的证件吗？"这句问话表面上看是在向对方确认，但同时也向对方传递了问话人对此有所疑问。这类问题会给对方一定压力，或使对方感觉不被信任，在服务中要慎重使用。

（6）得出结论。提问还可用来得出结论，结束话题。例如，"好的，我明白您的意思了，您需要……，是吗？"

2. 服务中提问的技巧

（1）运用封闭式的提问方式快速获取特定信息。封闭式的提问指的是答案具有唯一性或范围有限的问题。封闭式的提问有两种：一是，提问时给对方一个范围，让其在可选的几个答案中进行选择，类似选择题，例如，"请问您需要咖啡、茶水还是可乐？"二是，让对方用"是""不是""有""没有"

"对""不对"等这类简单词语来作答的提问，例如，"请问您的行李内是否有易碎物品？"

封闭式的提问是服务中较为常用的提问方式，它能够让对方按照指定的思路去回答问题，快速准确地获取所要的答案，方便服务工作的开展。需要注意的是，封闭式提问不适宜连续使用，否则会让旅客觉得被动、约束，产生被审问的感觉。

（2）运用开放式的提问方式获取详细的信息。开放式的提问指的是对答案内容限制不严格，范围较大，给对方以充分发挥空间的问题。常用的关键词有"什么""怎样""为什么""如何"等，例如，"您对我们有什么建议吗？"等。

开放式的提问在服务中通常用于征询建议、解决矛盾、处理投诉等场合。它能够让对方对有关的问题、事件给予较为详细的反映，引导对方讲出更多相关的情况和想表达的想法、情绪。

（3）不问与工作无关的问题。一般情况下，在服务工作中不应涉及与工作无关的话题，特别注意不应该提问有关对方个人生活、工作的问题，例如，年龄、收入、工作单位、婚姻状况等。

三、沟通的技巧

1. 有效沟通的态度

每个人在沟通过程中，由于信任的程度不同，所采取的态度也不一样。如果你没有一个端正、良好的态度，那么沟通的效果肯定是不好的。在沟通过程中，根据果敢性和合作性的不同，分为五种态度。注意：态度决定一切。如果态度问题没有解决，沟通的效果就不会好。

（1）强迫性态度。强迫性态度果敢性非常强，却缺乏合作的精神。在工作和生活中，强迫性态度常出现在父母与孩子、上级与下级的沟通中。在强迫的态度下，沟通很难达成共识。在民航服务中，如果旅客的行为威胁到民航飞行安全、旅客生命财产安全以及民航员工生命与民航财产安全的紧急情况时，面对不合作的旅客，必须用强迫性态度与之沟通。

（2）回避性态度。在沟通中既不果断地下决定，也不主动合作，这种态度就叫回避性态度。持有这种态度的人总是回避，不愿意沟通，不愿意下决定，所以得不到良好的沟通结果。

（3）迁就性态度。具有迁就态度的人虽然果敢性非常弱，但并不拒绝合作，面对各种命令或意见都会表示同意。通常而言，下级对上级往往会采取迁就态度。当上级与下级沟通的时候，要注意下级的态度是否存在问题，采取的是不是迁就态度。如果是，那么沟通就失去了意义，得不到准确的反馈。在父母和孩子沟通的时候，孩子也可能迁就地说"好""行"，因为沟通的双方中一方有权利，另一方没有权利。

（4）折中性态度。折中性的态度兼具果敢性与合作性。旅客是中国民航生存的基础，我们要尊重旅客。因此，正常的民航服务应该用合作，甚至以适当迁就的态度进行沟通。

（5）合作性态度。合作性态度既有一定的果敢性，勇于承担责任并作出决定，同时又乐于与他人合作。这样的态度才有助于沟通双方达成共识。

2. 有效反馈

反馈有两种：一种是正面的反馈，另一种是建设性的反馈。

正面的反馈就是对对方做得好的事情予以表彰，希望好的行为再次出现。建设性的反馈就是针对别人做得不足的地方提出建议。注意：建设性的反馈是一种建议，而不是一种批评，这是非常重要的。

反馈有正面反馈和建设性反馈两种，那么有没有负面的反馈呢？在工作中，我们可能会听到旅客说我们的服务不好等类似反馈。那么，在听到这样的反馈时，我们的心情是怎样的呢？当然是不愉快。这样的反馈，虽然也是对服务作出的反应，但并不能直接对服务产生积极影响。所以只有正面的反馈和建设性的反馈，没有负面的反馈这个定义。在沟通过程中，若缺乏反馈信息，则沟通不完善，因为信息传递过去了却没有返回，是一种单向的行为。所以说，没有反馈就不能称为完整的沟通。反馈，就是给对方一个建议，目的是帮助对方把工作做得更好。

在沟通的过程中，我们一定要注意有的情况并不是反馈。第一，反馈是给对方的建议，是为了使对方做得更好，而不是指出对方做得正确或者错误的地方。第二，对于他人言行的解释，也不是反馈。例如，"我明白你的意思，你的意思是……"这不是反馈，而是倾听。第三，对于将来的建议，也不是反馈。反馈是针对自己接收到的信息给对方提出建议，目的是使对方做得更好。

第六章 民航职业沟通素养

第一节 沟通及沟通的技巧

　　良好的沟通能力是建立和谐、深入的人际关系必不可少的条件，也是让我们的工作和事业顺利发展必须具备的基本能力，前者满足情感需求，后者有利于价值追求，所以每一个个体都需要具备良好的沟通能力。而沟通能力中最基本的技巧是倾听和表达。无论是倾听还是表达，都需要从语言内容和非语言内容等方面加以注意和训练，这样我们才能逐渐成为合格的倾听者和高效的表达者。职场环境中的沟通需要我们根据不同的沟通对象和情境灵活变化，遵循不同规则，选用恰当方法，成为一个在职业发展中游刃有余的沟通高手。

一、沟通概述

（一）沟通与人际沟通

　　沟：水道、浅槽；通：贯通、往来、通晓、通过、通知。沟通，首先有"沟"，然后才能"通"。沟通就是"沟"通，把不通的管道打通，让"死水"成为"活水"，让彼此能对流、能了解、能沟通、能交融、能达成共同认识。沟通是一个将事实、思想、观念、感情、价值、态度，传给另一个人或团体的过程。沟通的目的是相互间的理解和认同，使人或群体之间互相认识、相互适应。人类社会的一切活动，都是信息制造、传递、搜集的过程，因而沟通是无时无刻不在进行着的事情。

　　沟通具有随时性、双向性、情绪性、互赖性等特点。所谓随时性，就是说我们所做的每件事都是沟通;我们在沟通时既要收集信息,又要给予信息,这就决定了它的双向性;所谓情绪性,就是说接收信息会受传递信息方式的影响;沟通的结果和质量是由双方决定的,因此沟通还有互赖性的特点。

人际沟通是指人与人之间在共同的社会生活中彼此之间交流思想、感情和知识等信息的过程,主要是通过语言和非语言符号系统来实现的,其目的更侧重于人们之间思想与情感的协调和统一。人际沟通是一种本能,但更是一种能力,要靠有意识地培养和训练而不断提升,它是形成良好人际关系的重要保障。

(二) 沟通的类型

可以依据以下划分标准,对沟通进行分类。

1. 按沟通的中介或手段划分

(1) 口头沟通

口头沟通,又称语言沟通,这是最基本、最重要的沟通方式,是指人与人之间使用语言进行沟通,表现为演讲、交谈、会议、面试、谈判、命令等形式。口头沟通在一般情况下都是双向交流的,信息交流充分,反馈速度快,实时性强,信息量大。但是由于个人理解、记忆、表达的差异,可能会造成信息内容的严重扭曲与失真,且传递的信息难以追溯,导致检查困难。因此,在组织中传达重要的信息时要慎用口头沟通这种方式。

(2) 书面沟通

书面沟通,又称文字沟通,这是指以文字、符号等书面语言沟通信息的方式。信件、报告、备忘录、计划书、合同协议、总结报告等都属于这一类。书面沟通传递的信息准确、持久、可核查,适用于比较重要的信息的传递与交流。但是在传递过程耗时太长,传递效率远逊于口头沟通,而且形式单调,一般无法获得实时反馈,信息发出者往往无法确认接收者是否收到信息,是否理解正确。

(3) 非语言沟通

人的面部表情、眼神、眉毛、嘴角等的变化和手势动作、身体姿势的变化都可以传达丰富的信息,这种传递信息的方式称为非语言沟通。非语言沟通中信息意义十分明确,内涵丰富,含义隐含灵活,但是传递距离有限,界限模糊,只能意会,不能言传。一般情况下,非语言沟通与口头沟通结合进行，在沟通中对语言表达起到补充、解释说明或加强感情色彩的作用。美国心理学家艾伯特·梅拉比安的研究表明，口头交流时，55％的信息来自面部表情和身体姿态，38％来自语调，而只有7％来自词汇。

（4）技术设备支持的沟通

技术设备支持的沟通是指人们借助于传递信息的设备装置所进行的沟通，例如，利用电报、电话、电视通信卫星、手机、网络支持的电子邮件、可视会议系统作为沟通媒介，进行信息交流。技术设备支持的沟通信息传递速度快、信息容量大，远程传递信息可以同时传递给多人，价格低廉，但是它属于单向传递，并且缺乏非语言沟通。应当说，技术设备支持的沟通并非单独的一种沟通方式，技术设备与其他各种媒介物共同构成人际沟通中的信道。在现代以计算机为代表的信息技术、通信技术的支持下，尤其是在国际互联网的环境下，人与人的沟通可以延伸到世界范围。

2. 按组织管理系统和沟通情境划分

（1）正式沟通

正式沟通是指以正式组织系统为沟通渠道，依据一定的组织原则所进行的信息传递与交流。例如，组织与组织之间的公函来往，组织内部的文件传达、会议，上下级之间定期的信息交换等。正式沟通比较严肃，效果好、约束力强、易于保密，可以使信息沟通保持权威性。但是这种方式依靠组织系统层层传递，形式比较刻板，沟通速度慢。

（2）非正式沟通

非正式沟通是正式沟通渠道以外的信息交流和传递，它不受组织监督，可自由选择沟通渠道。团队成员私下交换看法、朋友聚会交谈、传播谣言和小道消息等都属于非正式沟通。非正式沟通是正式沟通的有机补充。非正式沟通不拘形式，直接明了，速度较快，容易及时了解到正式沟通难以提供的"内幕新闻"。但非正式沟通难以控制，传递的信息不一定准确，易失真。而且它可能导致小集体、小圈子的形成，影响人心稳定和团体的凝聚力。

3. 按沟通中信息的传播方向划分

（1）上行沟通

上行沟通是指下级的意见向上级反映，即自下而上的沟通。下属通常需要将获取的信息及掌握的有关工作的进展、出现的问题，上报给上级领导。通过上行沟通，管理者能够了解下属对他们的工作及整个组织的看法。下属提交的工作报告、合理化建议、员工意见调查表、上下级讨论等都属于上行沟通。

（2）下行沟通

下行沟通是指领导者对员工进行的自上而下的信息沟通。上级将信息传递给下级，通常表现为通知、命令、协调和评价下属。

（3）平行沟通

平行沟通是指组织中各平行部门之间的信息交流。保证平行部门之间的沟通渠道畅通是减少部门之间冲突的重要措施。例如，跨职能团队就需要通过这种沟通方式形成互动。

4. 按是否进行信息反馈划分

（1）单向沟通

单向沟通是指信息发送者和接收者之间的地位不变（单向传递），一方只发送信息，另一方只接收信息。这种信息传递方式速度快，但准确性较差，有时还容易使接收者产生抗拒心理。

（2）双向沟通

在双向沟通中，信息发送者和接收者两者之间的角色不断交换，且发送者是以协商和讨论的姿态面对接收者。信息发出以后，信息发送者还需及时听取反馈意见，必要时双方可进行多次重复商谈，直到双方共同明确和满意为止，如交谈、协商等。其优点是沟通信息准确性较高，接收者有反馈意见的机会，从而产生平等感和参与感，增加自信心和责任心，有助于建立双方的感情，但是，这种沟通方式花费的时间较多。

5. 按沟通的对象划分

（1）自我沟通

自我沟通也称内向沟通，即信息发送者和信息接收者为同一行为主体，自行发出信息，并自行传递、接收和理解信息。自我沟通是一切沟通的基础。事实上，人们在对别人说出一句话或作出一个动作前，就已经经历了复杂的自我沟通过程。国学家翟鸿燊曾说："一个很会沟通的人，一定很会和自己沟通。"自我沟通的过程是人与人之间其他形式沟通的基础。

（2）人际沟通

人际沟通特指两个人或多个人之间的信息交流过程。这是一种与人们日常生活关系最为密切的沟通。与别人建立和维持关系，都必须通过这种沟通来实现。

（三）沟通过程模式

1. 传播过程的五个基本要素

沟通本身属于信息传递的过程。1948年，美国学者 H·拉斯维尔第一次提出沟通过程模式。他提出传播过程包括五个基本要素，即"5W"，并按照一定的顺序将其排列，分别是信息发送者（Who）、信息内容（Say What）、渠道（in Which Channel）、信息接收者（to Whom）、是什么结果（with What Effect）。

2. 沟通过程的几个环节

一个完整的沟通过程主要包括编码、通过沟通发送、通过渠道接收、译码、反馈。沟通过程主要包括以下要素。

（1）发送者与接收者

发送者与接收者是沟通的主体，发送者的功能是产生、提供用于交流的信息，是沟通的初始者，处于主动地位；而接收者则是接收信息的个体，处于被动状态。但是由于沟通的互动性，信息的发送者与接收者的身份往往随时发生转换。

（2）编码与译码

编码是发送者将自己所要传送的信息转变成适当的传递符号，例如，语言、文字、图片、模型、身体姿势、表情动作等，简单地讲，就是用一种方法让别人能够领会本人意图。译码可以说是编码的逆过程，指的是信息接收者对传递过来的信息进行翻译、还原的过程。编码与译码只有在完全对称的情况下，信息1与信息2才有可能对等，接收者才会完全理解发送者的意图，否则就会产生沟通障碍。

（3）信息

在沟通过程中，人们只有通过"符号—信息"的联系才能理解信息的真实含义，但是，由于不同的人在编码与译码过程中会存在偏差，发送者传递的信息与接收者接收到的信息之间也会存在不同程度的偏差。

（4）渠道

渠道是发送者把信息传递到接收者那里所借助的媒介物。例如，口头语言沟通借助的是声波与肢体语言，书面语言沟通借助的是纸张，电子网络沟通借助的是互联网与手机通信等。

（5）反馈

在沟通的过程中，接收者把接收到的信息反馈给发送者，及时修正沟通内容，形成双向的互动交流过程。及时地反馈是达成有效沟通的重要环节。

（6）环境

环境是指沟通中面临的综合环境，一般包括物理背景、心理背景与文化背景。物理背景是指沟通所处的场所。不同的物理背景可以导致不同的沟通效果。例如，嘈杂的饭店与典雅幽静的咖啡屋会让人不由自主地改变交流沟通的内容与方式，自然交流效果也会截然不同。心理背景是指沟通双方当时的情绪与态度。兴奋、平和、激动、悲伤、焦虑、友好、冷淡或敌视等不同态度对沟通效果有着不同的影响。文化背景是指沟通者的教育背景、价值取向、思维模式、生活背景等。例如，亚洲国家重礼仪与委婉表达，多自我交流与心领神会；西方国家重独立与坦率，少自我交流，重语言沟通。不同的生活背景，造成不同的文化背景，对沟通交流有着不同的影响。

（7）噪声

噪声是指干扰沟通有效进展的所有因素，是产生沟通障碍的主要原因。它可能存在于沟通过程中的任何一个环节噪声，包括客观性噪声与主观性噪声两种类型。

1）客观性噪声

① 不适宜沟通的场所。

② 模棱两可的语言，难以辨认的字迹。

③ 信息传递媒介的物理性障碍。

④ 不同的文化背景、风俗习惯差异。

2）主观性噪声

① 沟通者的价值观差异、伦理道德差异等导致的理解差异。

② 沟通时的不佳情绪和态度。

③ 沟通者的身份、地位、教育背景差异导致的心理落差和沟通距离。

④ 沟通双方在编码和译码时所产生的信息代码差异等。

（四）有效沟通对建立良好人际关系的重要意义

人际关系与人际沟通密不可分。人际沟通是人际交往的起点，是建立人际关系的基础，沟通良好，会促进和谐人际关系的建立，同时，人际关系良好，会促使沟通更加顺畅。而沟通不良，则会使人际关系紧张甚至恶化人际关系；不良的人际关系也会增加沟通的困难，形成沟通障碍。

1. 人际沟通是人际关系发展和形成的基础

如果人类社会是网，那么每个人都是网的结点，人们之间必须有"线"连接。如果人和人之间没有线的连接，那么社会就不再是网，而是一堆点，社会也就不能成为组织，不能成为社会。人和人之间的连接，就是沟通。人际关系是在人际沟通的过程中形成和发展起来的，离开了人与人之间的沟通行为，人际关系就不能建立和发展。事实上，任何性质、任何类型的人际关系的建立，都是人与人之间相互沟通的结果；人际关系的建立或破裂，也同样是相互交往的结果。沟通是一切人际关系赖以建立和发展的前提，是形成、发展人际关系的根本途径。

2. 人际沟通状况决定人际关系状况

不是所有的问题都能通过沟通交流来解决。但是，现实中的许多问题都是由糟糕的人际沟通造成的。美国国家通信协会的一项全国性调查指出，缺乏有效的沟通是人际关系（包括婚姻）最终破裂的最重要的原因。所以，提高人际沟通的技能，能够帮助人们改善友谊关系、亲子关系、老板与员工的关系等。

在社会生活中，一个人不可能脱离他人而独立存在，总是要与他人建立一定的人际关系。若人们在思想感情上存在着广泛的沟通联系，就标志着他们之间已经建立起了较为密切的人际关系。若两个人感情上对立、行为上疏远，平时缺乏沟通，则表明他们之间心理不相容，彼此间的关系紧张。

3. 有效沟通是建立良好人际关系的重要保障

有效沟通是建立良好人际关系的重要保障。有效的人际沟通可以把沟通双方的思想、情感、信息进行充分的、全方位的交换，达到消除误解与隔阂、增加共识、增进了解、联络感情的效果。和谐、团结、融洽、友爱的人际关系能够使人们在工作中互相尊重、互相关照、互相体贴、互相帮助，使同事之间、员工与客户之间充满友情与温暖。沟通使积极的情感体验加深，使消极的沟通障碍减少，世界上最美的东西就是人与人之间的情感联络，而人与人之间的情感联络就是通过人际沟通实现的。

二、沟通技巧

（一）有效沟通

很多人认为相互交谈，你说给我听，我也说给你听，这便是沟通。其实沟通并不只是说给别人听，而是听和说双方面的。首先，说给别人听，别人未必肯听；其次，对于说话者所说的内容，别人不一定很认可；最后，就算别人真的认可，也不能保证按说话者的预期采取相应的行动，也就是不一定能达成协议。

沟通没有对与错，只有"有效果"与"没有效果"之分。自己说得多"对"都没有意义，使对方正确理解你传递的信息、感情等并作出预期的反馈才是目的。同样的话可以用不同的方式说出来，能使用适宜的方式把想说的话说出来，让听者接受，便是正确、有效的沟通。那么，如何实现有效沟通？

1. 把握原则

沟通具有社会性，与其他社会活动一样，都有必须遵循的规则。只有沟通双方都承认并尊重这些规则时，沟通才能协调、顺利地进行。

（1）主动原则

主动是沟通的核心，主动沟通更容易建立良性关系。英国著名管理学大师约翰·阿代尔在《人际沟通》一书中说："沟通能建立关系。你和别人沟通得越多，你们之间就越有可能建立起良性关系，反之亦然。"主动沟通者和被动沟通者的沟通状况有明显差异。研究表明，主动沟通者更容易与别人建立并维持广泛的人际关系，更可能在人际交往中获得成功。

（2）尊重原则

受尊重是人的高层次需要。俗话说："你敬我一尺，我敬你一丈。"你不尊重别人，别人也不会尊重你，结果彼此都不沟通、合作，便达不到沟通目的。中国著名的文学、电影、戏剧作家夏衍先生可以说是尊重人的模范，他临终前感到十分难受，身边的秘书说："我去叫大夫。"正待秘书开门欲出时，夏衍艰难地说："不是叫，是请。"随后便昏迷过去，再也没有醒来。

（3）理解原则

由于人们在社会上所处的地位各异，人生经历、思想观念、性格爱好、心理需要、行为方式、利益关系各不相同，因此在沟通中对同一事物常会表现出不同的看法、情感和态度，尤其在涉及自身利益的问题上，更会反映出从特定地位和立场出发的价值观念与利益追求，因而必定会给沟通带来许多复杂的矛盾和冲突。如果双方缺乏必要的相互理解，各执一端，互不相让，不仅会导致沟通失败，还会影响双方的感情，一切合作与互助就无从谈起了。

按照社会心理学的原理，理解原则首先是指沟通者要善于进行心理换位，尝试站在对方的处境上设身处地考虑、体会对方的心理状态、需求与感受，以产生与对方趋向一致的共同语言。即使采用最有效的信息传递方式，传播最有效的信息内容，如果不考虑接收者的态度及条件，也有可能导致沟通失败。遵循理解原则还应该耐心、仔细地倾听对方的意见，准确领会对方的观点、依据、意图和要求，这既可以表现出对对方的尊重和重视，也可以更加深入地理解对方。

（4）相容原则

在沟通中难免会发生分歧、引起争论，有时还会牵涉个人、团体或组织的利益。如果事无大小，动辄激昂动怒，以针尖对麦芒，双方心理距离会越拉越大，正常的沟通就会转化为失去理智的口角，这种后果显然与沟通的目的背道而驰。因此，沟通过程中彼此应心胸开阔、宽宏大量，把原则性和灵活性结合起来至关重要。只要不是涉及原则性的重大问题，应力求以谦恭容忍、豁达超然的大家风范来对待各项工作中的分歧、误会和矛盾，以谦辞敬语、诙谐幽默、委婉劝导等与人为善的方式，来缓解紧张气氛，消除隔阂，这会使沟通更加顺畅并赢得对方的配合与尊重。

2. 克服障碍

沟通障碍，是指信息在传递和交换过程中，信息意图受到干扰或误解，导致沟通失真的现象。在人们沟通信息的过程中，常常会受到各种因素的影响和干扰，使沟通产生阻碍。

（1）影响有效沟通的因素

1）个人因素

个人因素主要包括两大类：一类是有选择地接收；另一类是沟通技巧的差异。所谓有选择地接收，是指人们拒绝或片面接收与他们的期望不相一致的信息。研究表明，人们往往愿意听到或看到他们感情上有所准备的信息，或他们想听或想看到的信息，甚至只愿意接收中听的信息，拒绝不中听的信息。除了人们的接受能力有差异，人们所运用的沟通技巧也不相同，有的人擅长口头沟通，有的人擅长文字描述，这些都有可能妨碍有效沟通。

2）人际因素

人际因素主要包括沟通双方的相互信任、信息来源的可靠程度和发送者与接收者之间的相似程度。信息传递不是单方面的，而是双方面的事情，因此沟通双方的诚意和相互信任至关重要。相互间的猜疑会增加抵触情绪，减少坦率交谈的机会，也就不可能进行有效的沟通。

3）结构因素

结构因素主要包括地位差别、信息传递链、团体规模和空间约束四个方面。

研究表明，沟通双方的地位是影响沟通效果的重要因素。沟通双方的地位对沟通的方向和频率有很大的影响。沟通双方的地位悬殊较大时，信息趋向于从地位高的一方流向地位低的一方。

一般来说，信息通过的等级越多，其到达目的地的时间越长，信息失真率则越大。这种信息连续地从一个等级到另一个等级时所发生的变化，称为信息传递链现象。一项研究表明，企业董事会的决定通过五个等级后，信息损失平均达80%。其中，副总裁这一级的保真率为63%，部门主管为56%，工厂经理为40%，第一线工人为30%，职工为20%。

当工作团体规模较大时，团体内部人与人之间的沟通也相应变得较为困难。企业中的工作常常要求工人只能在某一特定的地点进行操作。这种空间约束的影响往往在工人单独在某位置工作，或在数个机器之间往返运动时尤为突出。空间约束不仅不利于工人之间的交往，而且也限制了他们的沟通。

（2）消除沟通障碍的方法

1）沟通的重要性

在管理工作中，管理人员十分重视计划、组织、领导和控制，但对沟通常有疏忽，认为信息的上传下达有组织系统就可以了，对非正式沟通中的"小道消息"常常采取压制的态度。上述种种现象都表明沟通没有得到应有的重视，重新确立沟通的地位是刻不容缓的事情。

2）缩短信息传递的途径

信息失真的一个重要原因是传递环节过多，所以，缩短传递途径、拓展沟通渠道，可以保证信息传递的及时性和完整性。这需要对组织结构进行调整，减少组织机构的重叠，减少中间管理层次，使组织向扁平化发展。在利用正式沟通渠道的同时，开辟高层管理者甚至基层管理者乃至一般员工的非正式沟通渠道，可有效提高沟通效率。

3）选择适当的沟通方式，养成良好的沟通习惯

不同的沟通方式，传递信息的效果也不同。应根据沟通内容和沟通双方的特点，选择适合的沟通方式。书面沟通适合于组织中重要决定的公布、规章制度的颁行、决策命令的传达。当面对组织变革，员工表现出焦虑和抵触情绪，或者领导者想要表现对员工的关怀和坦诚时，面对面的沟通可以最大

限度地传递信息。

（二）沟通技巧——善于倾听

1. 倾听的意义

谈到沟通，许多人很快想到的是如何说、怎样表达，很少有人想到倾听。从小到大，我们有不少机会去练习如何说、如何写，却很少有时间来学习如何倾听。有些人认为倾听能力与生俱来，只要听力没有问题就会倾听，实际上并非如此。

一位公主去寺庙拜佛游玩，方丈陪她游览寺庙景色。公主听到树上的鸟儿婉转地鸣叫，很高兴地说："多么悦耳的声音啊！"方丈问道："请问公主，您是用什么去听鸟的叫声的呢？"公主说："当然是用耳朵去听啊！"方丈说："死亡的人也有耳朵，为什么听不见呢？"公主说："死亡的人没有灵魂。"方丈说："睡着的人，有耳朵，也有灵魂，为什么听不见呢？"公主愣住了。

这则哲理小故事形象地说明了倾听并不是与生俱来、不学就会的。实际上，倾听不仅是一种生理活动，更是一种情感活动，需要我们真正理解沟通对象所说的话。

在这个存在着广泛交往的时代，倾听比以前任何一个时代都更为重要。医生要倾听病人的谈话，才能了解病情从而对症下药；销售员要倾听顾客的描述，才能清楚客户的需求从而提供满意的产品或服务；企业主管必须倾听下属的报告，才能拟订对策、解决问题。人人都需要倾听以便与别人沟通。问题是，"喜欢说，不喜欢听"乃人之常情。因此，我们都要学会倾听。

具体来说，倾听的重要价值主要体现在以下五个方面。

（1）倾听可以获取重要的信息

有人说，一个随时都在认真倾听他人讲话的人，在与别人的闲谈中就可能成为一个信息的富翁。通过倾听我们可以了解对方要传达的信息，同时感受到对方的感情。

（2）倾听可以掩盖自身的弱点

俗话说"言多必失"，意思是话讲多了往往会有失误，容易弄巧成拙。对于善言者如此，对于不善表达者就更是如此。所以，当我们对事件、情况不了解、不熟悉、不明白的时候，或者当我们自知表达能力有所欠缺的时候，适时地保持沉默、多听多想不失为一个明智的选择。

（3）倾听可以激发对方谈话的欲望

我们在日常交往中都有过这样的感受，当我们兴致勃勃地向某个人表达的时候，如果对方意兴阑珊，我们表达的欲望会迅速下降，甚至完全失去继续交流的兴趣；反之，如果对方非常认真地倾听，我们会感觉到对方很重视自己、对自己的话题很感兴趣，这种感觉会促使我们进一步表达和交流。当然，好的倾听者还能激发和启发谈话者更多、更敏捷的思考和表达，双方都会获益良多，并且心情愉快。

（4）会倾听的人才能更会表达

我们只有从倾听中捕捉到表达者要传达的重要信息，才能在接下来的表达中言之有物、言之有益；在认真倾听的过程中，我们也能学到什么样的表达是更能让人接受和认同的。

（5）倾听可以使倾听者获得友谊和信任

一个人在表达时被别人认真倾听，会使其感受到自己被尊重、被接受、被喜爱，这些感受都会使其更愿意靠近那个给予其这种感受的个体。如果还能被深深地理解的话，那真的会带来"酒逢知己千杯少"般的快乐和满足。在这个强调自我和个性的时代，在很多人都用说话来体现自己的独特性的时候，学会倾听，恰恰让我们有能力给别人搭建起一个自我展示的舞台，这当然容易得到别人的好感和认同，获得友谊和信任。

2. 良好的倾听态度

当我们懂得了倾听的重要价值之后，还得要有良好的倾听态度，包括安静、耐心和关心。

（1）良好的倾听态度需要安静

倾听时保持安静，是为了做好倾听的准备：我已经闭上了我的嘴巴，带上了我的耳朵，请您开始讲吧。只有在安静的环境中我们才能听清楚表达者在说什么，才不会遗漏重要的信息。也只有当听众安静地倾听时，讲话者才能感受到自己的表达是受欢迎的。保持安静，需要听众不插话、不跟周围人窃窃私语、不用身体的其他部位发出声音，比如，跺脚声、手拉动椅子的声音等。

（2）良好的倾听态度需要耐心

有些人在倾听过程中过于心急，经常在说话者暂停时插话，或者在说话者思考时自以为是地替别人讲话；有些人在别人还没有说完的时候就迫不及待地打断对方，或者口里没说心里早就已经不耐烦了，这样往往不能把对方的意思听懂、听全。于是我们经常听到别人这样说："你等我把话说完好不好？"所以，在倾听的时候，不要打断对方，学会克制自己，特别是当你想发表自己的意见的时候，不要一开始就假设自己明白了他人的问题，在听完之后，可以问一句："你的意思是……""我没理解错的话，你需要……"等，以印证你所听到的是否与对方表达的相一致。

（3）良好的倾听态度需要关心

要带着真正的兴趣听对方在说什么；要理解对方说的话；让说话的人在你脑海里占据最重要的位置；始终同讲话者保持目光接触，适时地点头，适时地说"嗯、啊"等。

3. 需要倾听的内容

在倾听的过程中，我们要关注的内容是非常丰富的。首先，是说话者的语言内容。其次，还要关注说话者的表情和肢体动作，因为这两者往往是特殊的信息表达方式，在某些情况下，这两者表达出的信息，甚至比话语更加准确和真实。

（1）倾听要专注于表达者的主要观点

倾听时，要将精力集中在捕捉信息的精髓上面，理解表达者观点中的重点。

（2）倾听要善于听出言外之意

并不是所有的表达者都愿意把自己的真实观点和想法直接用语言表达出来，因此，需要倾听者能听出表达者的弦外之音了。

（3）倾听时要关注表达者的表情语言和肢体语言

完整而有效地倾听，不仅在于清楚把握表达者真正想要表达的主要观点，还在于通过表情、语气语调、手势动作等更好地理解表达者内心的真实感受。更重要的是，当有着良好社会化能力的个体不想直接说出自己的真实想法的时候，语言是可以作伪的，所谓"言不由衷"就是如此，但面部表情、语气语调、身体姿势等却很难作假，尤其是身体姿势。所以，如果我们希望自己能成为一个高效的倾听者，那么，还要学会在倾听的时候关注表达者这些非言语的部分，并能够理解这些非言语部分所表达的含义。

（三）沟通技巧——表达

1. 表达时要注意语言内容

（1）有效的表达要简洁明了、重点突出、饱满有力

林肯曾说："在一场官司的辩论过程中，如果第七点议题是关键所在，我

宁愿让对方在前六点占上风，而我在最后的第七点获胜。这一点正是我经常打赢官司的主要原因。"表达的精髓在精而不在多。喋喋不休，不但惹人厌烦，也让人感觉不知所谓。诚如西方的谚语所云："话犹如树叶，在树叶茂盛的地方，很难见到智慧的果实。"所以，进行表达一定要想办法让听众在最短的时间内最准确地理解自己的意思。而要达到这样的效果绝非易事。这就需要我们能够清楚了解自己想要表达的主旨，并抓住关键点。但同时又不能为简而简，以简代精，这样反而会得不偿失。

（2）要对表达的内容进行适当"包装"

这里所说的"包装"不是伪装，更不是弄虚作假、无中生有、歪曲编造，而是在真诚的基础上为了增强表达的效果进行适当的打磨，注意措辞，选择适宜的方式。

1）表达内容要选择恰当

研究发现，通常人们用三种方式进行表达：攻击式、退让式和自信式。很多时候，我们会根据情况选择不同的方式，但当我们遇到一些特殊的事件或者特殊的人时，可能会不自觉地选择某一特定方式，从而进入低效的沟通模式。

攻击式的表达常用的句型包括："你必须……""因为我已经说过了""你总是/从不""我知道这样做不会有用的""你怎么能那样想呢"……从这些表达里，我们通常会感受到责备、非难、要求和命令，即使没有明显的攻击意味，至少也能使人从中听出否定、不满和抱怨的情绪。而且攻击式的表达往往对人不对事，我们会从这样的表达里发现"你"这个词语出现的频率比较高。

退让式的表达常用的句型包括："如果你想……，我没有意见""不知道我是否可以那样做""我最近正忙着呢，随后我会和他讨论这个问题""抱歉，问你一下""打扰你了，很抱歉"……从这些表达里，我们很难感受到强硬的或者过多非常确定的信息，当然也会经常从这样的表达里听到诸如"也许""可能""希望"等词语。

自信式的表达常用的句型包括"是的，那是我的错误""我对你的观点是这样理解的……""让我解释一下为什么我不同意那个观点""让我们先定义一下这个议题，然后寻求几种有助于解决它的途径""请耐心听我讲明白，然后我们一起解决这个问题"……自信式的表达常常是负责任的、积极主动的、着眼于问题的。

2）表达的内容要因人而异

有效的表达，需要我们根据表达对象的不同在内容上进行调整。一方面，因人而异的表达可以让不同的对象听得更加清晰明白；另一方面，所谓众口难调，因人而异的表达也更容易符合不同听众的口味，使他们都对表达感兴趣。所以，因人而异的表达要根据倾听者的性别、受教育程度、性格特点、身份特征、年龄特征、心理需求等的不同而有所变化。此外，我们在表达的时候还要注意投对方所好、谈论对方感兴趣的话题，也就是俗语所说的"到什么山头唱什么歌"。那么，什么样的话题是别人永远都感兴趣的呢？答案就是他们自己！大多数人很难对别人产生影响或号召，是由于人们总是忙着考虑自己、谈论自己、表现自己，如果我们在沟通过程中能够适当抑制谈论自己的欲望，把表达中的"我""我的"替换成"你""你的"，也许我们很快就能发现，我们的表达能让对方更感兴趣，彼此之间的沟通也更加顺畅。

3）表达的内容要多些积极关注和真诚赞美

任何一个个体，在与他人的交往过程中都希望得到别人的肯定和欣赏，没有人愿意从他人那里感受到对自己的负面情感和评价，哪怕对方是再亲近的朋友或亲人。所以，在正常的沟通交流中，我们可以适当地给他人以积极的关注和真诚的赞美。

① 赞美必须是真诚的。真诚赞美最基本的要求就是真实。也就是说，我们赞美的内容必须是对方真实具备的。什么情况下我们才能发现对方真实的、值得欣赏的地方呢？这当然需要我们对对方有比较多的关注，而且是非常积极的关注。当我们在人际交往过程中能够用积极的视角给予对方比较多的关注的时候，其实就已经让对方非常舒服和受用了，此时，人际沟通几近成功了一半。

② 赞美要具体。有些人赞美别人时往往不着边际，很容易让别人觉得不真诚甚至虚伪。如何使别人被赞美时感觉很舒服又觉得的确如此呢？答案是一定要学会选择细节进行具体的赞美。例如，碰到一位女士，你泛泛地说："你今天真漂亮。"就不如具体地说："你今天穿的这件粉色裙子很衬托你的皮肤，显得你又好看又精神。"

③ 赞美不一定都要使用语言来表达。有时候，一个欣赏的眼神、一个鼓励的微笑，或者一个拍肩膀的动作，都能让对方感受到来自称赞者的赞美和欣赏。

④ 赞美的频率和热情度不宜过高。赞美别人的语言要富含情感，并非堆砌美好的辞藻。但赞美的频率不宜过高，情感表达也不宜过于丰富，一味地热情称赞反而会让对方觉得虚情假意，或者会让对方认为这种赞美是谄媚或者纯粹的客气，甚至让别人觉得一时无法承受。

2. 表达时要注意非言语内容

（1）良好的表达要注意语音语调

同一个意思，甚至完全相同的内容，用不同的语音语调进行表达，就会产生不同的意思和感觉。例如，"我讨厌你！"可以是表达真正的厌恶，也可以是情人之间的打情骂俏。要使表达更有效，我们需要注意表达时的语音语调。通常语音语调要根据表达的内容、情境、对象来选择。一般来说，场面越大，越要适当提高声音、放慢语速，把握语势上扬的幅度，以突出重点；场面越小，越要适当降低声音，适当紧凑词语密度，并把握语势的下降趋势，追求自然。相关的专家通过研究给我们提出了这样的建议：在人际交往中，我们的语气不能跟着自己的感觉走，而应该根据当时的情形和谈话的内容选择语气；但是任何时候语调都要低，试着放低声音你会发现，低沉的声音更能吸引人们的注意力，并博得他们的信任和尊敬。

（2）良好的表达通常需要辅之以微笑

进行高效的沟通和表达，当然要配以恰如其分的神态和表情。当然，这并非让大家像演员一样去表演，而是试图说明表达时表达者是一个整体，倾听者感受到的，不仅有语言表达的内容，还包括表达者的神情、体态等，倾听者最后理解到的是表达者的话语、神情、体态等整体所传递出来的信息。在这些神情语态中，可能最需要表达者注意的就是微笑了。

微笑是世界通用的语言。真诚、友好的微笑是捕获人心最有效的方法，它能消除人与人之间的隔阂，拉近人们之间的距离，甚至，当我们处在紧张和有些敌意的氛围中时，一个友善、由衷的微笑，也能瞬间让周遭的氛围变得不同。微笑不但能保持自身良好的形象，也能有效地影响他人。即使是在不能面对面的电话沟通过程中，也要试着在讲话时保持微笑，因为通过微笑所传达出来的善意和真诚，是可以让对方通过语言感受到的。

学会把微笑运用到日常生活和工作中，也许会让我们有意想不到的收获。

第二节　身体语言沟通

身体语言沟通，即非语言沟通，是人们进行信息沟通的一种主要形式。它以精妙的形式提供着隐藏的信息，对沟通过程和沟通结果产生深刻的影响。"身体语言学"的杰出研究者伯德惠斯戴尔曾估计，在两个人的互动过程中，有 65％的"社会含义"是通过非语言形式传递的。身体语言在民航服务人员与旅客的沟通中发挥着重要的作用。

一、身体语言的类别

（一）目光接触

眼睛在非语言沟通中用途最广，也最神秘莫测。虽然眼睛的运用属于动态无声的沟通行为（包括在表情之内），但由于眼神的妙用无穷，确实在非语言行为中独成一体。其一送、一收、一顾、一盼、一笑、一颦，皆成妙谛。而人们经常所用的"眉目传情""暗送秋波""眼睛是心灵的窗口"，都说明了眼睛的运用在人们情感交流中的地位和作用。

目光接触在沟通中是极为重要的手段。具体分析起来，目光接触主要有以下用途。

（1）目光接触可以用来表达想法。直接的目光接触表明你对说话者十分感兴趣，并希望知悉、理解对方的话题。

（2）目光接触可以控制、调整沟通者之间的互动。

（3）目光接触可以用来表达感情。从一个人的眼神中可以看出其在沟通情境中的激奋和程度。在各种情绪中，最容易通过面部表情来表达的是惊讶、恐惧和厌恶。而这些情绪的最佳表现区域在眼睛、眉毛以及与眼睛毗邻的鼻翼。

（4）目光接触也可以作为提示、告诫及监视的手段。人们交谈的时候往往通过目光接触来了解自己的话语对他人的影响程度，也同样以凝视他人来表示自己正在洗耳恭听。

目光接触的社会意义会因某些因素的改变而改变，这些因素包括凝视时间的长短、凝视的强度，以及凝视时机的选择。

目光接触往往因沟通距离的不同而有所区别。一般说来，当人们相距较远时常以目光接触表示对对方的关注，而当两人的距离为 4～8 米时，对视的目光就移开了。当然，在不同国家和地区的人目光接触的方式也有所区别。在中国和日本等东方国家，谈话中总盯着对方是十分不礼貌的事。在英国，有礼貌的人总是注意别人在说什么，感兴趣时偶尔会眨眨眼睛。但在中东地区，直愣愣地盯着陌生人是司空见惯的事。

服务人员在与旅客沟通的过程中应注意，双方目光接触连续累积应达到全部时间的 50％以上。从目光接触的部位上看，注视的应是"倒三角部位"

（两眼以下至嘴），且目光应自然而不失礼貌。最重要的是，态度要真诚、热情，因为态度可以在目光接触中表露出来。

（二）手势

手势在人类非语言沟通中起着十分重要的作用。当两个国籍不同、语言相异的人沟通时，往往借助手势表达自己的意思。例如，第二次世界大战中，英国首相丘吉尔发明的手势"V"，成了世界上广为运用的代表胜利的手势语（"V"是英文"Victory"的首字母，意为"胜利"，竖起中指与食指并展开，就成了"V"）。类似这样的手势语还很多，如手势语"OK"、竖大拇指、飞吻等，都代表了一定的含义。手势在人们的沟通中具有下列作用。

（1）有时可以代替说话，如与聋哑人的交谈。

（2）可以用来强调某一问题，或通过这种非语言的方式描述语言。

（3）可以缓解说话者的紧张情绪，也就是说手势象征着说话者的情绪状态。

（三）体态

这里所说的体态，主要是指运动性体态，又称"说明性身姿"。说明性身姿一般与语言相伴使用。近年来的研究表明，一个人的体态动作往往反映着这个人对他人所持的态度。例如，在两人谈话时，其中一方打呵欠、伸懒腰、看手表、脸转向他方、大幅度减少点头动作等，都意味着一定程度的厌烦情绪。在双方见面时，一方伸手，另一方紧随，双方力度适中地握手，表示友好和诚意；如果一方伸手，另一方动作缓慢，稍稍一碰便收回，则表示消极和冷淡；如果对方干脆不响应，或背过身去，甚至扬长而去，都表示拒绝之意，只是程度不同。在双方的接触中，身体略微倾向于对方，表示热情与兴趣；微微欠身，表示谦恭有礼；身体后仰，显得若无其事，但若过于随便，且对方是不熟的人时就显得轻慢。

（四）面部表情

面部表情是最为常用也最为有效的沟通方式。人的面部约有 40 块肌肉，可以作出上千种不同的表情，准确地传达出各种不同的信息。来自面部表情的信息，更容易为人们所觉察。但由于表情肌的运动是自觉的，人们可以随意控制，因而也很容易出现虚假表情的问题。很少人能够随意控制眼睛的变化，使其显示与内心状态不相一致的信息，但几乎所有人都能够随意控制自己的表情肌，使之作出与自己真实想法、情感不相对应的虚假表情。

与目光一样，表情可以有效地表现肯定与否定、接纳与拒绝、积极与消极、强烈与轻微等各种情感。由于表情可以随意控制，变化迅速，而且表情的线索容易觉察，因而它是十分有效的身体语言表达方式。人们可以通过表情来显示各种情感，也可以运用表情来表达对别人的兴趣；可以通过表情来显示对一件事情的理解状态，也可以经由表情表达自己的明确判断。在沟通过程中，表情是人们运用最多的身体语言之一。

面部的其他器官虽不如眼睛那般重要，但也可表达思想情感。眉毛上耸，表示惊讶和欣喜；皱眉，表示困窘和不愉快；眉毛上下波动，表示亲切与愉快等。嘴的表情性也很丰富，紧紧抿嘴表示坚定，噘起嘴表示不满，咬嘴唇表示自罚或内省。突出下巴可能表示正在谋划攻击性行为，用下巴指使他人体现傲慢，用力收缩下巴则表示畏惧和驯服等。

面部器官的综合性反应是最有效的信息表达方式。例如，社交注视方式结合平眉、平嘴角，表示正常交往或无所谓的心态；视线停留在对方前额部，平眉、平嘴角，则属于端然正视；平视、平眉、微笑，表示距离感和观察心态；双目圆睁眉倒竖，嘴角向两边拉开，鼻部肌肉紧张，双耳扇风，是典型的怒气冲冲表情；眼睁大，嘴张大，眉上扬，是高兴得情不自禁；眼平视，瞳孔放大，眉轻扬，嘴角微动，是心中暗喜的表情等。所以，在民航服务中，服务人员要善于观察、判断旅客的面部表情，了解旅客的情绪反应，为旅客提供满意的服务。

（五）触摸

在情感沟通方面，触摸行为主要包括握手、亲吻、拥抱及拍肩膀等。心理学家发现，每个人都有被触摸的需要。人类从出生开始，就存在着与温暖松软物体接触感到愉快的本能。所以，儿童都喜欢拥抱、抚摸和亲贴长毛绒玩具，大多数成人也对这样的体验有愉快感。更为重要的是，科学家通过严格的实验研究发现，与动物本能性的依恋情感一样，人不仅对舒适的触摸感到愉快，而且会对触摸对象产生情感依恋。

触摸行为体现着十分明显的文化相对性。不同的国度、不同的民族有着不同的风俗习惯，表现在触摸行为上往往也大相径庭。在西方社会，熟人相见亲吻和拥抱可谓十分平常、司空见惯，但在东方社会中却极少有这些行为。

（六）衣饰

在古代，人们的衣着服饰体现着社会地位和等级，如皇帝的“龙袍”、大臣的"蟒袍"和平民的"布衣"。在一定条件下，衣着服饰可以反映人们的经济地位，但随着社会经济的发展，衣饰的这一作用已逐渐退化了。现代衣着服饰主要体现人们的职业、个性和即时活动的内容等。

第一，衣饰可以体现出人们的职业。这一点不仅体现在有特殊着装的行业，即便没有特殊着装的行业，也可以有一个大概的体现。而职业对人们的影响是巨大的，在沟通开始时或沟通过程中，及时了解和牢记对方的职业和特点，对沟通的顺利进行非常有利。

第二，衣饰可以体现人的个性。一个个性保守的人，服饰不会很鲜艳夸张；而个性活泼的人往往会喜欢休闲、舒适的着装；大红大紫、奇形怪状的服装，往往更受思想新潮、标新立异的人喜爱。这些是我们判断对方个性特点，从而选择合适的沟通方式的重要依据。

第三，衣饰表示即时活动情况。例如，素雅庄重的衣饰适合探病等活动，如果再胸戴白花或臂缠黑纱则是参加葬礼或扫墓；身着宽松的运动服可能是晨练或郊游；穿西服或礼服则可能是出席会议或宴请。

随着生活水平的提高，人们越来越讲究衣饰的"专业化"。因此，可通过服饰来了解他人的职业、个性等信息，从而更好地开展人际沟通活动。

（七）空间距离

空间距离是身体语言沟通的重要方面之一。美国学者爱德华·霍尔将人际沟通中的空间距离概括为四种。

第一种，亲密距离。一般是0～20厘米。在这种距离内，信息传递不仅包括语言，还包括体温、气味等。人们彼此之间肌肤相接、耳鬓厮磨、执手挽臂，体现出亲密友好的关系。因而，这一距离一般适合于亲子之间、恋人之间和知心朋友之间。值得注意的是，即便是这种关系，也并非不分时间、地点和对象都可以做亲密状。例如，在社交场合，如此亲密不仅稍欠雅观，若再窃窃私语，就可能被认为是不礼貌的行为而引起反感。

第二种，私人距离。一般是60～100厘米。这是一种私人交往距离，相互间可以握手、交谈、喝酒等。虽然这种交往距离主要限于熟人之间，但具有较大的开放性，不太熟悉的人进入这一空间也不会引起太大的反感。当然，完全陌生的人突然闯入这一领域，会引起警惕，并由不安全感导致厌烦感。值得一提的是，如果不太熟悉的人向这一距离持续靠近，那么他（她）不是献殷勤就是对对方特别有好感。

第三种，社交距离。一般是150～200厘米。这一距离体现的是社交性的正式关系，一般在工作环境和社交聚会上采用。虽说这一距离对沟通的亲密性有一定妨碍，但却可以增加正式感和庄重性。如总经理用较大的办公桌，或招聘时应聘者的座位与主考官保持相当的距离等，都是为了达到此目的。

应该注意的是，既然这是社交距离，那么，适合于私下交谈的问题就不能拿到这样的场合来说。

第四种，公众距离。一般是 4～8 米或 8 米以上。这是个完全开放的空间，但在这一距离上，人们之间的直接接触就大大减少了。这一距离一般在授课、演讲、晚会演出等过程中采用，不适于私人交谈。

当然，这是霍尔先生对美国现实的研究成果，不一定完全适合我国的情况，所以，我们还应根据具体环境条件来认识这一问题。

首先，不同文化背景的人们之间个体空间需求不同。研究表明，地中海国家的人们之间，允许有较多的身体接触，北欧国家人们之间的空间距离则相对较远；北美人较远，南美人较近；东方人较远，西方人较近。如果不同文化背景的人们之间进行接触，就可能因个体空间的需求不同而产生误会，一方觉得对方不断"侵入"，粗俗无礼，另一方觉得对方在不断拉开距离，冷淡傲慢，从而影响到双方的融洽沟通。

其次，社会地位不同所需要的个体空间也不同。地位高者，个体空间需求大，一般会有意无意地与下属保持一定的距离。值得注意的是，下属不能主动靠上去对上司抚肩拍背，或使自己说话的气息冲到上司的脸上。

另外，个性不同个体空间的需求也不同。个性开朗者喜欢结交，个体空间需要较小且具开放性；个性孤僻者个体空间需要虽不是任意扩大，但不能容忍他人的"侵犯"，如果个体空间受到侵犯，他们就会感到明显的焦虑。

最后，心境不同个体空间的需求也不同。心境佳时，个体空间需求小，偶有"入侵"者也可容忍；心境差时，常常会发生非理性扩张个体空间需求的现象，朋友、亲人都可能被拒之门外。这是一种暂时的需求，会随着心境的改变而改变。

（八）辅助语言和类语言

辅助语言，包括声音的音调、音量、节奏、变音转调、停顿、沉默等。类语言，是指那些有发声而无固定意义的声音，如呻吟、叹息、叫喊等。在人们沟通的过程中，辅助语言和类语言起着十分重要的作用。由于说话者的声调不同，同一句话的语义就可能迥然相异。所以，在沟通中，怎么说，有时比他们说些什么更为重要。例如，说"我恨你！"这么一句简单的话，用娇嗔的语调可以表达亲昵的感情；而说"你可真行！"这句话，却完全可以在表面的赞扬之中带着尖刻的嘲讽。

在日常生活中，我们往往单凭声调就能准确地判断说话者的性别、年龄、精力、热情程度以及来自哪一地区，甚至还能据此判断一个人的社会地位、情绪状态、心境及其攻击性强度如何。

二、身体语言的理解

在民航服务中，理解身体语言的主要目的是发现并满足旅客的需求。大部分用于沟通的表情、动作是世界通用的。例如，愉快时微笑、生气时皱眉、点头表示肯定、摇头表示否定。但在具体沟通过程中，服务人员要注意把旅客的多种身体语言与周围的环境结合起来，正确理解旅客的意图。

（一）多种身体语言的综合理解

在身体语言方面，我们容易犯的错误是在理解某个姿势的时候把它与其他伴随的姿势和周围的环境孤立起来。例如，双臂于身前交叉这个姿势就不能单独地进行解释，因为人们摆出这种姿势的原因有很多种。又如，挠头这个动作也可以有多种解释：有头皮屑、有跳蚤、发汗、半信半疑、健忘、撒谎等，具体是哪一种解释，要看其他伴随的姿势而定。所以，对某种状态所代表的含义下结论之前，必须看清楚同时出现的其他姿势。

食指向上贴着面颊，中指横在嘴上，拇指托着下巴，是一个常见的表示"批评性评价"的姿势，如果一个听者除此之外还作出双腿紧紧交叉的姿势，就进一步说明了此人对发言者的不满，表示"我不喜欢你这样说，而且也不同意你的说法"。把两三个或者更多的姿势放在一起进行推断，才能得出比较合理的结论。例如，双臂交叉时，如双肩保持端正，面部表情严肃，双脚分开，表示此人不太高兴——实际上，更像是生气了；然而，若双肩微微耸起，可能表示这个人感觉到有些寒冷；如果双肩放松，身体陷在座位里，跷起二郎腿，则双臂交叉可能只是为了坐得更舒服一点。对其他辅助动作的合理解释，可以使我们得到正确的结论。

（二）身体语言的识别

识别身体语言的目的之一，就是在减少回答次数的基础上发现旅客的要求并采取措施尽快消除他们的不适。因此，民航工作人员提高身体语言理解能力的关键是提高观察力。

1. 旅客何时需要等待

旅客之间正在交谈时。旅客在交谈的时候经常会用到一些身体语言。例如，用挥手表示强调、整理衣服或者轻抚头发。指尖向上搭成尖塔形，表示正在发表一个观点；而指尖向下则表示在倾听，有时显得有点装模作样。如果两个旅客在进行深谈，手握在一起，保持目光接触，这时，不要立即打断他们，最好和他们保持一定的距离，直到他们的谈话告一段落或觉察到有工作人员在场为止。他们很自然会停止交谈，接受这次礼貌地打断。

旅客正全神贯注时。全神贯注的表现方式有很多种，通常来说，用手支住头、以手托腮或者皱眉等都可以表示这种状态。遇到这样的旅客，你要问问自己是不是应该打断他们。另外，快速地作出判断非常必要。

2. 旅客何时需要帮助

在服务中，很容易看出旅客的需求，需要帮忙的旅客常常会向四处张望，而且可能会挥手示意。另外，看表可能表示焦急，摇头也许表示恼怒。

3. 何时应该走开

如果和某个旅客站在一起，别忘了注意一下他们双脚所指的方向。当人们觉得谈话已经结束，脚尖就会不自觉地指向他们要离去的方向。如果两人意见不一致，他们会不经意地转过身去，表示不悦。

4. 其他暗示

身份和权力也是值得我们注意的。比起其他社会阶层的人士，皇家贵族、政界要人和企业家经常以更加自信的姿势显示他们的地位。同样，一个人的年龄、文化和背景，都可以通过身体语言表现出来。一定要记住，来自某些文化领域的人不能容忍西方文化中的一些不太正规的身体语言。

和成人不同，儿童和青少年有一些非常天真的身体语言，然而，随着年龄的增长，他们的身体语言越来越趋向于成熟，开始控制那些夸张的姿势，变得更加内敛。

（三）积极的身体语言

积极的身体语言，包括高兴和兴奋的表情，微笑、睁大眼睛、搓大腿等都属这一类。惊奇的人嘴巴张开或者眉毛上扬；放松的人则双肩松弛、翘起二郎腿、后背靠在座位上，而且一般都有一个快乐的表情。

自信的表现有很多种：身体挺直、头部扬起、双肩放松、甩头发、夸张地走路、保持目光接触、手插在兜里、微笑、一手叉腰一手背后。自信的人需要同样自信地对待自己，他们会给见多识广的专业人士以积极的回应。

（四）消极的身体语言

1. 紧张

有些旅客在旅行中不时表现出过分紧张的情绪。人们在这种情绪下的具体表现是很少的目光接触、向四周观看、不停地摆弄衣服或者手包，而且有时会坐在椅子的边缘。让人们放松下来需要特殊的技巧，但大多数精神紧张的人能够接受善意的询问。作为民航工作人员，你应该觉察到这些并有针对性地采取行动。

2. 愤怒

没有人喜欢见到愤怒的旅客，因为我们的工作是创造舒适和安宁。一般来说，愤怒的人对他人的影响力非常大。一个人要是处于愤怒的状态，我们可以轻松识别出来。眉头紧锁、表情严肃、攥着拳头、牙关紧闭、左右摇头、双肩僵硬，这些表现都是一目了然的。他们也可能会摆出双臂在胸前交叉的防御性姿势，还可能来回踱步。消除人们的愤怒情绪不是件容易的事。旅客的愤怒经常伴随着抱怨或者投诉，我们应该认真对待。

当一个愤怒或者满腹牢骚的旅客发现了一个好听众，而这个听众用自己的身体语言提供帮助——频频点头表示理解并认真地看着旅客的眼睛——问题听起来就不像一开始所说的那么严重了。倾听是消除愤怒的有效工具。

3. "以手掩口"的姿势

这类姿势常常是一种不诚实的信号。但是，也不能孤立地看待这些姿势，否则可能会严重误解他人的身体语言。以手掩口可能是下意识地企图抑制住带有欺诈性的言语。这个姿势是双向的，某个人在说话时以手掩口，则有正在说谎的可能；假如你在说话时，对方捂住嘴巴，表示对方正怀疑你讲话的可信度，或者，他们也许只是在考虑你讲话的内容。

另外，这类姿势也可能说明讲话者只是有些紧张，而不是在撒谎。我们一定要作出明智的判断。

4. 厌倦

厌倦的情绪也很容易识别。一般的表现是面无表情、揉眼睛、摸脸、耸肩、叹气、目光迷离及轻轻跺脚等。

面对有上述举动的旅客，我们应该想办法转移他们的注意力，使他们摆脱这种不佳情绪，递给他们一本杂志或者书籍可能是个不错的办法。

5. 担心

人们在担心的时候，脸上往往会出现全神贯注的表情，也可能伴随着出汗、双肩僵硬或者摸脸等表现。这种情况下，服务员第一步要做的是想办法让他们安下心来，甚至不用去问他们到底怎么了。如果你看出某个人正在为某事而担心，可以说几句暖心的话，例如，"我能帮你做点什么？"但要控制住自己的好奇心，别去探听他们的隐私。他们也许会主动告诉你自己遇到的麻烦，有些事情你或许真能帮助解决。

第三节　民航职业中的沟通障碍

在任何沟通系统中都存在沟通障碍。例如，在电话、电报等通信系统中就存在沟通障碍。这种障碍被称为"噪声"或"干扰"。在民航服务人员与旅客的这种人与人之间的沟通中，语言、文化、个性特征、情绪反应、社会地位等方面的差异，可能带来许多沟通问题，引发沟通的失败和沟通的障碍。

一、语言障碍

人与人之间的沟通主要是借助于语言来进行的。语言是交流思想的工具，但语言不是思想本身，而是用以表达思想的符号系统。人们的语言修养也有很大差异，同样是一种思想，有的人表达得很清楚，有的人表达得不清楚。心理学家曾做过一项实验，要求两名被试者描述一个色调奇特的皮球，结果，一个被试者说这个皮球是"黄绿色"的，另一个被试者说是"水绿色"的。这一实验表明，人利用语言来表达思想、表达事物有一定的局限性。

如果一个民航服务人员不能清楚、准确地传达相关信息，让旅客听后稀里糊涂，自然影响沟通效率。同样道理，有的人语言理解能力强，能很好地把握住递送话语的意义，有的人则难以做到，甚至误解和曲解。因此，自然也会影响沟通效率。调查表明，在我国主要国际航线和国内航线中，有43％的国际旅客希望乘务员用英语沟通；日本航线有85％的旅客是日本旅游者，他们希望乘务员用日语或英语沟通。另外，随着世界各国之间经济、文化、贸易往来互动的频繁，对小语种语言的需求增加。

语言差别可能造成沟通障碍，即便都讲同一种语言，也会因口音不同及方言土语的差异而产生沟通障碍。

二、文化传统与文化程度障碍

不同群体的人往往有自己的文化传统习惯及沟通模式。这样，不同传统习惯的人之间就容易产生沟通障碍。

由于语言、文化和礼节的不同，国际环境中的信息沟通显得更为棘手。例如，埃克森石油公司的广告语"把老虎放进你的油箱里"（Put Tiger in Your Tank）风行美国，而在泰国这则是一句侮辱别人的话。在不同的文化中，颜色也有不同的含义。许多西方国家通常把黑色同死亡相联系，而在东方国家则多用白色表示哀悼。在美国商业性交易中，见面时互报本人名字，是十分普遍的，但在大多数国家，特别是那些制度等级森严的文化背景中，人们一般都互道姓氏。

如果沟通双方的文化程度相差很大，也会出现沟通障碍。文化程度高的人表达的信息，文化程度低的人可能"听不懂"；而文化程度低者表达的方式，文化程度高者可能不习惯，从而形成沟通障碍。

三、情绪情感障碍

情绪情感是人的认识和行为的启动与控制力量。人与人之间的情感距离远近，直接影响沟通是否顺畅和效果如何。情感亲近、关系融洽，沟通容易进行，且会有"言听计从"的效果；情感疏远，容易产生逆反心理，沟通难以进行，即使进行也难有好的效果。一个不被旅客接受的服务人员，是很难与旅客沟通好的。

心理学的研究表明，无论是"理智型"的人，还是"情绪型"的人，都不可能永远保持理智或永远处于情绪波动之中。当他们的理智占上风时，会尊重事实，接受客观真理；而当他们情绪风暴卷起时，就会头脑发热、思想混乱，用主观愿望代替客观事实，从而形成沟通障碍。具体来说，如下几种情绪对人们之间的沟通影响较大。

第一，情绪反应过热或过冷。人们在一定时间、地点条件下，情绪反应具有相应的强度，过热则令人疑心，过冷则被认为是无情，两者都很容易使沟通出现障碍。有的乘务员在与旅客沟通中，掌握不好情绪反应的尺度，过于热情或反应冷淡，容易招致旅客的反感。

第二，逆向情绪。这种情绪不仅在反应程度上与普遍的情况有差异，而且方向也相反。具有逆向情绪的人通常表现为别人高兴他独悲，别人伤心他开心，这无疑会形成阻碍。

第三，暴怒。暴怒之下，人们最容易不问青红皂白乱说话、乱攻击，往往牵连无辜，惹人反感，让人害怕，根本无法与之沟通。有的乘务员由于心情不好或是受到旅客的误解、质疑，往往控制不住愤怒的情绪，容易与旅客发生争执，甚至发生冲突。

四、个性障碍

个性差异也会影响服务人员与旅客之间的沟通。例如，思维型（善于抽象思维）与艺术型（善于形象思维）的人彼此之间交流信息就可能发生障碍。不但个性品质差异较大者难以沟通，即便是个性品质相似，特别是具有下列个性品质之人：自私自利、虚伪狡猾、不尊重人、苛求于人、猜疑心重、报复心强、过分自卑、骄傲自满、孤独固执等，也不一定能顺利沟通。对于品格高尚，服务态度诚恳、热情、善良的服务人员，旅客容易相信他们，乐意按他们的要求去做；对于品格低劣、服务态度冷淡的服务人员，旅客往往会产生疑问，不会轻信。

五、角色地位障碍

从理论上讲，在我们社会主义国家中，人们只有分工不同，没有高低贵贱之分，都是"人民的勤务员"。然而，有些人因个人经历、受教育程度等方面的限制，而在思想上存在错误、狭隘的认识，从而轻视服务工作，认为民航乘务员不过是伺候人的工作，而对服务人员指手画脚，个别旅客自恃有钱有势，不仅不尊重服务人员，甚至为难、辱骂他们。同样，有些民航服务人员自命清高，觉得自己是百里挑一被选上的，态度高傲，对旅客缺乏耐心，让旅客难以接近。

六、由态度、信念等因素引起的障碍

人们的态度、观点、信念不同，也能造成沟通过程中的障碍。在民航服务中，由于个别服务人员缺乏正确的服务理念和良好的服务态度，在旅客遇到不便和困难时，缺乏坦诚的工作态度，引起旅客的不满。

七、由信息表达不清引起的障碍

尽管信息发送者头脑中的某个想法很清晰，但仍可能受措辞不当、疏忽遗漏、缺乏条理、表达紊乱等问题的影响，而无法将头脑中的想法准确无误地表达出来。信息表达不清楚或不正确，可能会给沟通造成各种障碍，影响问题解决效率及服务工作质量。

第四节　民航职业中的沟通技巧

在民航服务中，我们不仅要注意与旅客进行有声语言的沟通，还要把握和运用好无声语言，将有声语言与无声语言有机地结合起来。要了解旅客的需要，以真诚、耐心的服务态度对待每一位旅客。为此，服务人员在日常的学习与工作中，要熟练掌握沟通的技能技巧。

一、了解沟通对象——旅客

民航服务人员在与旅客进行沟通时，绝不可"仓促上阵"，而要在对旅客有相当程度的了解之后才付诸行动。一般说应对如下方面有所了解。

首先，要了解对方的个性特点和当前心境。只有了解了对方的个性特点，才能确定沟通的方式和策略。比如，对急者慢之、慢者急之的互补策略等，都是在个性了解基础上才能确定的。同时，服务人员只有了解了旅客的当时心境，才能抓住最有利的沟通时机。我们都知道，心绪不宁时，根本无法集中精力考虑问题；对方心中烦躁时，进言者很可能自讨无趣；刚受挫折的人，往往将第一个出现在面前之人当作"替罪羊"。可见了解当时心境之重要。

其次，要了解旅客已有的观点、意见和态度。只有了解了这些，沟通中才能做到有的放矢，真正解决问题，否则，双方谈了半天，言不及义，不仅于事无补，还浪费了宝贵的时间。同时，只有从对方的意见出发，才会使沟通更加顺利地进行，不然，双方各唱各的调，不仅可能使双方陷入不自觉的矛盾之中，而且可能导致敌对情绪。

第三，要了解对方的思维方式并具有接受不同意见的能力。比如，有的人沉着冷静，精于逻辑思维，我们就应该逐步展开自己的观点，注意条理清晰；有的人热情有余、沉稳不足，我们就应该简明扼要地道出主题，尽量在最短时间内申明本意，免得对方听错、听偏或没有耐心听下去；有的人不习惯深思熟虑，我们就应该围绕某一个对方喜欢的话题展开全部沟通内容，"强迫"对方"深明大义"；有的人就爱发挥想象力，将我们普通的描述自由拓展，由此派生出许多歧义，因此我们应该注意使每一句话都有现实依据，并对沟通过程中容易引发联想和想象的语言进行一番预测，剔除那些容易引起歧义和不利于沟通的表述；有的人尽管你有千条妙计，他有一定之规，别人的话很难听进去，我们就应将沟通过程与其切身利益相联系，给予强烈刺激，迫使其走上正常的沟通轨道。

第四，了解我们自己。这主要包括，在沟通之前，先对自己的人生观、价值观有一个较深刻的反省，对自己的智能和情感特征做一次衡量和剖析，审查一下自己的沟通方式和目的，这样才会使双方在沟通过程中更加融洽，使沟通过程更加顺利。

二、正确使用身体语言

（一）增加对自己身体语言的自觉性

恰当使用身体语言与准确解释身体语言同样重要。要想提高自己有效使用身体语言的能力，首先要增强自己对身体语言的自觉性。

增加身体语言自觉性需要经过三个步骤。

第一步，是监察自己的各种身体语言信号与整体的身体语言状况。我们每个人都可以对自己的身体语言进行记录，自己来定义和解释自身的各种身体语言信号，并根据不同心态下各种身体语言信号相伴随的规律，建立起自己的整体身体语言模型。通过这一过程，我们对自己在高兴、欣喜、激动、悲伤、失落、愤怒、生气等各种情绪状态下，身体各部位的身体语言状况及其相伴随的规律，有一个十分明确的概念。

第二步，是对自己的各种身体语言行为和整体模型进行自我体验。自我体验的过程，不仅可以使人们将各种身体语言经历与自己的真实情绪状态和沟通过程更自然、更充分地联系到一起，而且可以使人们有机会对在第一步骤中建立起来的各种身体语言定义和整体模型进行自我检验，并进行必要的修正。

第三步，是在实际的人际沟通过程中自然地运用各种身体语言行为和整体模型，并检验其有效性，即考查别人理解与自我定义的一致程度。

（二）民航服务人员身体语言的运用

民航服务人员在工作中要随时做好准备，以正确的身体语言创造良好的氛围。

1. 职业形象

即使仅仅靠笔直的站姿，也能让旅客看出服务人员的职业素质。双肩下垂、耷拉着脑袋、弯着脖子、脚在地上乱蹭，这些都是消极的表现。在工作中，服务人员必须表现出随时准备去履行职责的状态。如果你觉得很难做到，不妨想象一下，自己正在一个舞台上表演或者面对着一台摄像机，这样会激励你随时注意自己的身体语言并把自己调整到一个更佳的状态。在服务中，服务人员就像舞台上的演员一样，良好的身体语言是通向成功的第一步。

2. 微笑

让微笑永远挂在脸上并非易事，但是绝不能把微笑隐藏起来。当旅客向你走来时，应该抛开一切杂念，把精神集中在他们身上，并真诚地向他们微笑。微笑仅靠面部肌肉的堆积是不够的，还要用眼睛传达这份真诚。微笑是你最宝贵的财富之一。

3. 有礼貌的身体语言

能够表现出全身心投入的身体语言才是好的身体语言。换句话说，尽量避免把你的身体转向除了旅客以外的其他方向，哪怕是微小的转动都要避免，不然会暗示你对旅客缺乏耐心和尊重。为了展现服务人员全身心投入的状态，脚尖应始终指向客人，同时，头部要抬起，肩部要放松。如果场合允许，双手应背在身体后面并握住，这样表示你随时准备行动。如果双手在身体前面握住，则有一点防备他人的意味。

4. 目光接触

目光接触可以表示赞赏而且能够把你的真诚传达给对方。但要注意并让所有人都认为目光接触是善意的行为，由于文化、宗教、个性等因素的影响，有些人不喜欢目光接触。

5. 行为举止

走路时要满怀自信，不要太快，应以正确的节奏表现出职业的态度。避免接触到客人的身体，但是在难走的地方（比如台阶上）扶他们一把是允许的。记住，过分亲热会冒犯客人。不要用手整理头发，不要摸鼻子或者摸耳朵，更不要抠鼻子。如果你觉得周围没有人在看你，也不要作出这种举动——可能有个安全摄像头正对着你呢！除非你的眼睛里有东西，否则不要去揉眼睛，这个动作表示受挫或者疲倦，会显得态度非常消极。

6. 积极的态度

通过练习，你自己的身体语言可以变成有用的工具。有技巧地使用身体语言不仅能给旅客留下良好的印象，还将向旅客传递出一个强大的信号。这很可能会影响到他们对你的回应——希望这个回应永远是积极的。

积极的身体语言应该包括前面提到的几点。例如，正确地面向旅客以及保持目光接触（合适的场合）以使旅客确信你的注意力集中在他们身上。在听别人讲话时，头部倾向一侧可以表示你的专注，这也是一种积极的身体语言。当然，还有微笑。

三、熟练掌握语言技巧

这里讲的语言技巧，不是遣词造句的技巧，主要是指"说"的技巧，即语音、语气、语调等。

（一）语音

语音，主要是指对重音和停顿的安排。

首先，对重音的安排。确切地说，主要是逻辑重音的安排。这里所讲的"安排"，是指要通过沟通语言中的重音，将需要强调的东西凸显出来，以达到沟通目的。如"我/请你来玩儿""我请你/来玩儿""我请你来玩儿"三个句子字面完全一样，但由于重音不同而意思各有侧重，如果参考个人感情和当时情境，就能从中悟出很多东西，有居高临下的命令，有不太情愿的邀请，有渴望分享开心一刻的感情等。再比如"您真聪明""您真/聪明"这句话，前者是真心称赞，后者如再与拖长的声调相结合，就很可能变为挖苦与讽刺了。

其次，对停顿的安排。停顿，是较之重音更复杂的一种表达技巧，因为它常常与标点符号相联系，所以常常对句子的构成和意义起决定性作用，运用起来较复杂。如"有资格的和尚未取得资格的先生"这句话，如果停顿不当就会被读为"有资格的和尚/未取得资格的先生"，从而产生歧义，而其真正要表达的意思是"有资格的/和/尚未取得资格的先生。"

巧妙地利用停顿，还可以在沟通中划开心理段落，这样，既可以整理前面的信息、体会情感，又可以为后来的沟通预做铺垫，进行心理准备，非常有利于信息消化和沟通过程的顺利进行。

（二）语气和语调

据说，意大利著名悲剧影星罗西，应邀参加一个国外同行的宴会。席间，很多客人要求他表演节目，于是，他用意大利语念了一段台词。尽管大家都不懂他在说什么，但他那悲切的表情和凄凉的声调使大家感动得潸然泪下，可事实上，艺术家匆忙中念出的只是晚宴的菜单！这一点，虽不是人人都可以做到的，但无疑反映了语气语调在语言表达中的重要作用。大文豪萧伯纳曾说过：一个"不是"可以有500种表达方式。这虽然是"文学"式的表达，但语气语调会使语言表达方式丰富多彩是确定无疑的。就这一意义而言，词语本身有时倒显得不重要了，因为词语的含义多随着语气、语调而变化，在沟通过程中，尤其如此。

一般讲来，"气徐声柔"，给人以温和感，表现出爱与友善；"气促声硬"，给人以挤压感，表现出憎恶与厌烦；"气沉声缓"，给人以迟滞感，表现出悲伤与无奈；"气满声高"，给人以跳跃感，表现出喜悦和欣然；"气提声凝"，给人以紧缩感，表现出惧怕与回避；"气短声促"，给人以紧迫感，表现出急躁和激动；"气粗声重"，给人以振动感，表现出愤怒与威吓；"气细声黏"给人以踌躇感，表现出疑虑和不安等。当然，这些还要结合说话人的性格特点和当时的情境来分析，才会得出确切的结论。至于阴阳怪气的表达，则显得冷嘲热讽；鼻音哼声在我国主要用于表达冷漠与傲慢的情感。

四、学会倾听

俗话讲，人有两个耳朵却只有一张嘴。意思是说，在沟通中，人们应该多听少讲。在与旅客交往中，"谈话"是一种特殊的沟通能力，但学会"听话"是乘务员必须具备的重要品质。服务人员一旦成为善于倾听的人，就会在服务技巧方面胜人一筹。

倾听的目的，不仅是听到对方说的话，还要理解对方的感觉，感知对方是否对你敞开了心扉，并对他们说话的语气及伴随的身体语言做到心领神会。可以说，倾听就是接通对方的心灵。倾听也是最佳形式的说服。要想说服旅客，让他们相信你，对你有信心，乃至听从你的意见，恐怕没有比真诚地倾听并表现出真正的关心更加有效的方式了。在倾听的时候，你的心里正在默默地向对方说："我想理解你，我想知道你的需求，我要帮你解决问题，因为你很重要。我知道，你如果觉得高兴和满意，就会再次光临，也会告诉其他人，那样的话，我就成功了。"

五、与旅客找到共同语言

服务人员在与旅客沟通过程中，需要沟通的意见不一定完全符合旅客的观点，甚至是毫无共同语言的沟通，结果可能是"开战"，这与沟通的本意不符。因此，我们需要尽力"找"出共同语言。在这方面有著名的"yes"原则，其中心内容就是在沟通一开始，便让对方连连称"是"，尽量避免对方说"不"，后面的沟通就容易多了。心理学的研究支持了这一观点。心理实验证明：人们说"是"时，整个身心都趋向于肯定方面，身体组织呈开放状态；而在人们说"不"时，全身的组织——分泌腺、神经与肌肉都聚集在一起，呈拒绝状态。并且，"不"字出口之后，人们的一切言行便与其"尊严"联系起来。因而，即便后来察觉了自己的错误，他们也可能会为了维护尊严而"一错到底"。

为此，在沟通的开始，特别是在意见不同前提下的沟通过程之初，我们可以从如下方面入手。

首先，从旅客无法说"不"的客观事实入手。面对客观现实，除了无理取闹者，都会点头称是。有了确凿的事实和对方肯定的态度，我们就可以逐步转入正题，使旅客由此增加对我们的信任感，从而使沟通变得更加顺利。

其次，可以从旅客的观点入手。完全天衣无缝的观点是极少的，因而，我们可从支持对方观点切入，在逐步深入的过程中，从"缺陷"之处岔出，引导其改变观点和态度，有时做得好可令对方觉得不是自己改变了观点，只是对其原有的观点进行了一些有益的"补充"。

其三，可从双方都同意的其他问题入手。这里所选择的"其他问题"，肯定是对方同意的，因而说"是"的概率极高，兴趣也浓。这时，才将要沟通的问题"自然地"切入，沟通过程便会更加顺利。

六、赢得旅客的理解和配合

在民航服务过程中，乘客的行为会影响服务质量和效果。乘客有效的参与行为是保证服务质量和满意度的必要和重要条件。有效的、顺利的沟通，离不开乘客的有效参与和配合。为此，必须加强与乘客的沟通，以促进乘客的配合。比如，航空公司在服务承诺的条件发生变化和服务承诺可能难以完全履行时，应及时通知乘客并采取积极的措施，以求得乘客的谅解和配合。例如，由于天气等客观因素和人为因素，经常会出现航班延误的情况，这使得航空公司有关航班承诺的履行比较困难。因此，在航班延误时怎样与旅客沟通和解决旅客的种种问题，是航空公司必须研究的重要问题。美国航空公司（American Airlines）比较重视航班延误时的管理政策，该公司培训机组人员，让他们学会当飞机误点时怎样最快地通知旅客和怎样让旅客接受一个延误时间区间。这样既保证了与乘客的有效沟通，也容易得到乘客的谅解和配合。

处理这类事情时，特别要注意说话的语气、语调，安抚乘客的情绪，且注意不要伤及乘客的自尊心，要用诚意打动乘客。起飞后可再次提醒，请乘客配合、支持、理解乘务员执行公司规定的行为，请乘客对号入座或升舱。如果乘客不愿升舱，又声称身体不适，我们可以明确告知，为了不影响头等舱乘客，同时又便于乘务员照顾，可将其座位调整到后排，如果有必要还可帮助广播找医生。

七、迅速解决各种问题

航空公司对于临时出现的问题，如航班延误、旅客投诉等，必须迅速、及时地解决。因为一个问题如不及时解决，就可能迅速变大或升级，从而造成极坏的影响。及时与旅客沟通，迅速解决投诉及清楚解释服务失误原因才是上策，才能获得旅客的理解和支持，从而获得良好的服务口碑。

参 考 文 献

[1] 熊晟钰.民航院校大学生职业素养培养路径研究——以上海民航职业技术学院为例 [J].文教资料,2022 (18):184-187.

[2] 郝文杰,张宁.当代民航精神视域下的民航专业教师职业素养的培养路径分析 [J].民航学报,2022,6 (S1):80-82.

[3] 王东.高职民航运输类专业学生职业素养评价体系研究 [J].现代商贸工业,2023,44 (12):113-115.

[4] 杨海.民航运输专业学生职业素养的培养探析 [J].南北桥,2021 (5):191.

[5] 余振华.民航机务人才职业素养的培养路径探析 [J].民航政工,2020 (2):53-55.

[6] 李文龙,霍宁波.以准军事化管理加养成教育模式培养优秀民航飞行大学生 [J].民航学报,2020,4 (2):101-104.

[7] 王东."课堂革命"视角下高职民航运输类专业学生职业素养提升策略 [J].经济研究导刊,2023 (12):126-128.

[8] 张永朋.新形势下民航飞行大学生职业素养教育的实践与思考探讨 [J].商业2.0 (经济管理),2021 (9):265.

[9] 郭珍.民航客舱服务教学中提升学生职业素养方法探究 [J].科学与信息化,2020 (28):191-192.

[10] 李晓荣.《民航危险品运输》课程思政建设研究 [J].中国物流与采购,2022 (18):83-85.

[11] 王勤勤,王洋.构建"岗课证赛"融通的空乘专业课程体系——以江苏航空职业技术学院为例 [J].教育教学论坛,2022 (46):165-168.

[12] 洪德慧.职业素养培养融入高职专业课程的实证研究——以空中乘

务专业民航旅游类课程为例［J］．成都航空职业技术学院学报，2020，36（1）：15－17＋25.

［13］许太梅，汤太祥．大学生职业素养与"徽骆驼"精神关系研究［J］．中国民航飞行学院学报，2020，31（1）：64－67.

［14］杨文立．基于职业能力为导向的航空安全员职业素养调查与分析［J］．体育画报，2021，（16）：176－177.

［15］宋文静．民航服务礼仪［M］．北京：电子工业出版社，2019.

［16］杨晓．民航服务专业新形态系列教材　民航乘务英语考试辅导手册［M］．北京：清华大学出版社，2022.

［17］邓丽君．职业素养在高职空中乘务专业人才培养体系建设中的研究与实践［J］．智库时代，2019，（26）：268－268＋270.

［18］段益．论思政课教师职业化素养提升的几个关键问题［J］．中国民航飞行学院学报，2021，32（6）：56－58.